Gerhard J. Bellinger

Lebensgeschichte des Augustinus

Gerhard J. Bellinger

Die Lebensgeschichte des Augustinus (354 - 430)

Bezeugt in seinen Confessiones und abgebildet im Freskenzyklus des Benozzo Gozzoli

FÜR
BRIGITTE,
MEINE FRAU

© 2014, Gerhard J. Bellinger

Herstellung und Verlag: BoD - Books on Demand, Norderstedt

ISBN 978-3-7347-3481-6

Inhaltsverzeichnis

Vorwort

Der vorliegende Text ist zunächst als bebilderter Vortrag im Augustinum Bonn am 13. November 2014 gehalten worden. Es war der 1.660 Geburtstag des Augustinus, dieses bedeutenden lateinischen Kirchenvaters aus der römischen Spätantike, der als "Augustinustag" in den nach Augustinus benannten Wohnstiften "Augustinum" begangen wird.

Während in der katholischen Kirche immer der 28. August, der Todestag des in ihr als Heiliger verehrten Augustinus, als sein Namensfest begangen wird, hatte der evangelische Pfarrer und Religionslehrer Georg Rückert, der Gründer des Collegium Augustinum, im Jahr 1954, als man den 1600. Geburtstag des Augustinus beging, diesen 13. November als "Augustinustag" gewählt.

Augustins "regula [secunda]", die älteste abendländische Klosterregel, ist die Grundlage für das Gemeinschaftsleben der nach ihm sich nennenden Augustiner, so auch derjenigen im toskanischen San Gimignano. In ihrer Konventskirche San Agostino hat der italienische Maler der Renaissance Benozzo Gozzoli 1464/65 den berühmten Freskenzyklus zum Leben des Augustinus geschaffen. Zusammen mit den von Augustinus selbst geäußerten entsprechenden biographischen Aussagen in den Confessiones wird in diesem Buchbeitrag die anhaltend faszinierende Lebensgeschichte des Augustinus in Wort und Bild dargestellt.

Bonn, im November 2014

Gerhard J. Bellinger

Einführung

Für die Lebensgeschichte des Augustinus beziehe ich mich auf zwei Quellenbereiche, zum einen auf die von Augustinus selbst um 400 in Latein geschriebenen Texte in seinen Confessiones und zum andern auf die ca. 1000 Jahre später entstandenen 17 Lebensbilder Augustins, die von Benozzo Gozzoli für den Augustiner-Orden im toskanischen San Gimignano gemalt wurden.

Zunächst zur textlichen Quelle, zu den Confessiones des Augustinus. Für den in lateinischer Muttersprache aufgewachsenen Autor der Confessiones gibt es verschiedene Namensformen: Sein lateinischer Name ist: Augustinus. "Augustus" d. h. 'der Erhabene', war der lateinische Beiname des römischen Kaisers Oktavianus (63 v. Chr.- 14 n. Chr.), des Adoptivsohns Caesars. Im Italienischen heißt Augustinus: Agostino, und im Deutschen wird neben dem lateinischen "Augustinus" auch der Name "Augustin" verwendet.

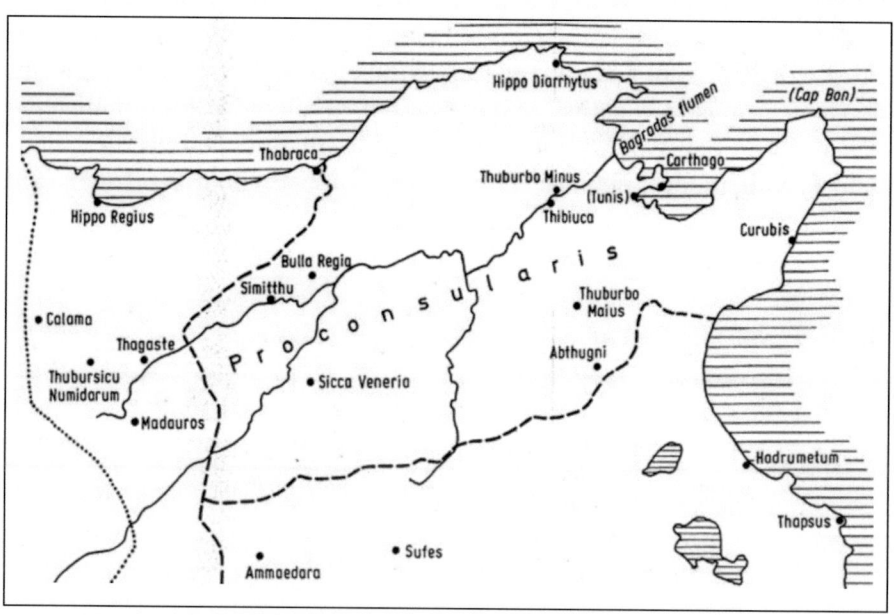

Der aus der römischen Provinz Numidien in Nordafrika stammende Augustinus hat von seinen insgesamt 75 Lebensjahren allein 70 Jahre in seinem Heimatland verbracht. Seine Geburtsstadt Thagaste heißt heute Souk Ahras in Algerien. In dem 30 km entfernten Madaura - seinerzeit berühmt für seine Schulen - besuchte er 4 Jahre (365-369) die höhere Schule. Das von Thagaste 259 km entfernte antike Karthago, heute nur noch ein Vorort von Tunis, war die Stadt seines dreijährigen Studiums (371-373) und seiner neunjährigen Tätigkeit (374-382) als Dozent der Rhetorik. Nach einer relativ kurzen Zeit von 5 Jahren in Italien - und zwar zwei Jahre (383-384) als Dozent für Rhetorik in Rom und drei Jahre (384-386) als Professor für Rhetorik in Mailand, wo er mit 33 Jahren (387) die christliche Taufe empfing - kehrte er nach Nordafrika zurück. In Hippo Regius, einer 78 km von Thagaste entfernten antiken Küstenstadt - heute südlich von Annaba in Algerien - wirkte er 35 Jahre (395-430) als Bischof. Sie war seinerzeit die volkreichste Stadt der Provinz Numidien und neben Karthago die bedeutendste in Nordafrika.

Als Augustinus im Alter von 75 Jahren starb, hatte er 108 Werke verschiedenen philosophischen und theologischen Inhalts verfasst, von denen in chronologischer Reihenfolge ihrer Entstehungszeit die "Confessiones" die 33. und zugleich seine bekannteste Schrift sind.

Bereits 43-jährig - also 1 Jahr nach seiner Bischofsweihe - hatte Augustinus mit der Abfassung dieses 33. Schriftwerkes begonnen und nach dreijähriger Arbeit im Jahr 400 unter dem vielsagenden Titel "Confessiones" fertig gestellt. Das in lateinischer Sprache verfasste Werk trägt natürlich auch einen lateinischen Buchtitel. Das im Plural verwendete lateinische Hauptwort "Confessio", onis f. (Verb: confiteor) hat zwei Bedeutungen: einmal als "Geständnis bzw. Eingeständnis" im Sinne von "Confessio peccati" also "Schuldeingeständnis" und zum anderen als "Bekenntnis" im Sinne von "Confessio fidei" also "Glaubensbekenntnis".

108 Schriften des Augustinus in chronologischer Reihenfolge

Schrift (Bücher)	Inhalt	Entstehungsort	Entstehungszeit
De Academicis (3)	Philosophie	Cassiciacum	Nov. 386
De beata uita	Philosophie	Cassiciacum	Nov. 386
De ordine (2)	Philosophie	Cassiciacum	Ende 386
Soliloquia (2)	Philosophie	Cassiciacum	Winter 386-387
De immortalitate animae	Philosophie	Mailand	387
De dialectica	Lehrbuch	Mailand	387
De grammatica	Lehrbuch	Mailand	387
De rethorica	Lehrbuch	Mailand	387
De moribus ecclesiae catholicae et de moribus Manicheorum (2)	antimanichäisch	Rom	388; 389-390
De quantitate animae	Philosophie	Rom	388
De libero arbitrio (3)	antimanichäisch	Rom	388; 394-395
De Genesi aduersus Manicheos (2)	antimanichäisch;	Thagaste	389
De musica (6)	Lehrbuch	Thagaste	389
De magistro	Lehrbuch	Thagaste	389
De uera religione	antimanichäisch	Thagaste	390
De utilitate credendi	antimanichäisch	Hippo (als Presbyter)	391
De duabus animabus	antimanichäisch	Hippo (als Presbyter)	392
Acta contra Fortunatum Manicheum	antimanichäisch	Hippo (als Presbyter)	392
De fide et symbolo	Dogmatik	Hippo (als Presbyter)	393
De Genesi ad litteram liber inperfectus	Exegese	Hippo (als Presbyter)	393; 426
De sermone domini in monte (2)	Exegese	Hippo (als Presbyter)	394
Psalmus contra partem Donati	antidonatistisch	Hippo (als Presbyter)	394
Contra Adimantum	antimanichäisch	Hippo (als Presbyter)	394
Expositio quarundam propositionum ex epistula apostoli ad Romanos	Exegese	Hippo (als Presbyter)	394-395
Expositio epistulae ad Galataso	Exegese	Hippo (als Presbyter)	394-395
Epistulae ad Romanos inchoata expositio	Exegese	Hippo (als Presbyter)	394-395
De diuersis quaestionibus octoginta tribus	Philosophie; Exegese; Dogmatik	Hippo (als Presbyter)	388-396
De mendacio	Moraltheologie	Hippo (als Presbyter)	394-395
Ad Simplicianum (2)	Exegese; Dogmatik	Hippo (als Bischof)	396
Contra epistulam Manichaei quam uocant fundamenti	antimanichäisch	Hippo (als Bischof)	396
De agone christiano	Moraltheologie	Hippo (als Bischof)	396
De doctrina christiana (4)	Lehrbuch; Dogmatik; Exegese	Hippo (als Bischof)	396; 426
Confessiones (13)	**Bekenntnis; Gebet**	**Hippo (als Bischof)**	**397-400**

Die »Confessiones«, eines der großen Werke der Weltliteratur, enthalten eine erschütternde Lebensbeichte, sind aber zugleich ein Glaubensbekenntnis und ein Lobpreis der Gnade und Barmherzigkeit Gottes, der die Lebensgeschichte Augustins durch Sünde und Schuld, durch Irrtum und Zweifel zur Erkenntnis des Heils und zum Frieden der Vergebung geleitet hat.

So beginnen die "Confessiones" auch mit einem Lobpreis:

Magnus es, domine, et laudabilis valde: magna virtus tua, et sapientiae tuae non est numerus.	*Groß bist Du, Herr, und hoch zu lobpreisen; groß ist Deine Kraft, und Deine Weisheit ist unermesslich.*
Et laudare te vult homo, aliqua portio creaturae tuae, et homo circumferens mortalitatem suam, circumferens testimonium peccati sui et testimonium, quia superbis resistis.	*Und lobpreisen will Dich der Mensch, ein so geringer Teil Deiner Schöpfung, ja der Mensch, der herumschleppt seine Sterblichkeit, herumschleppt das Zeugnis seiner Sünde und das Zeugnis, dass du den Hoffärtigen widerstehst.*
Et tamen laudare te vult homo, aliqua portio creaturae tuae.	*Und dennoch lobpreisen will Dich der Mensch, ein so geringer Teil Deiner Schöpfung.*
Tu excitas, ut laudare te delectet, quia fecisti nos ad te et inquietum est cor nostrum, donec requiescat in te. (Conf. I,1,1)	*Du selber reizest an, dass Dich zu lobpreisen Freude ist, denn geschaffen hast Du uns zu Dir hin, und ruhelos ist unser Herz, bis es Ruhe findet in Dir.*

Diese Eingangsverse der Confessiones gehören nach Meinung vieler Literaturwissenschaftler zu den wundervollsten Stücken der Weltliteratur.

Gliederung der Confessiones

Bücher	Autobiographische Bezüge und Themen	Lebensjahre	Jahres-Daten	Orte
1. Buch	**Kindheit und frühe Jugend:**			
	Elementar-Schule	1. - 10.	354 - 364	Thagaste
	Höhere Schule	11. - 15.	365 - 369	Madaura
2. Buch	**Pubertät**	16.	370	Thagaste
3. Buch	**Studentenzeit:**	17. - 19.	371 - 373	Karthago
	Hinwendung zum Manichäismus, Beginn eines 14-jährigen Konkubinats, Geburt des Sohnes Adeodatus			
4. Buch	**Lehrtätigkeit in Thagaste**: Tod eines Jugend-Freundes	19. - 20.	373 - 374	Thagaste
	Lehrtätigkeit in Karthago:	20. - 28.	374 - 382	Karthago
5. Buch	**Lehrtätigkeit in Rom**: Anfangs-Zweifel am Manichäismus	29. - 30.	383 - 384	Rom
6. Buch	**Lehrtätigkeit in Mailand,**	30. - 32.	384 - 386	Mailand
	u. a. Verlöbnis mit einer Zwölfjährigen			
7. Buch	**Neuplatonische Studien** und Pauluslektüre	32.	386	Mailand
8. Buch	**Gartenerlebnis** mit einer Schriftstelle aus dem Römerbrief	32.	386	Mailand
	bezüglich einer radikalen Umkehr			
9. Buch	**Entscheidung zu einem mönchisch-asketischen Leben**	32.	386	Cassiciacum
	Taufe durch Ambrosius	33.	387	Mailand
	Tod der Mutter auf dem Rückweg nach Afrika	33.	387	Ostia
10. Buch	Sinn und Zweck seiner Bekenntnisse			
11. Buch	Zeit und Ewigkeit			
12. Buch	Auslegung von Genesis 1, 1-2,			
13. Buch	Wesen Gottes, Schöpfung			

Gegliedert ist das von Augustinus in den Jahren 397-400 als Bischof von Hippo verfasste Werk der Confessiones in 13 Bücher.

Die Bücher I bis IX erzählen von den Phasen einer 33-jährigen Entwicklung seines Handelns und Denkens, seines Suchens und Fragens von den Tagen seiner Kindheit im Jahr 354 bis zu dem Tod seiner Mutter 387 in Ostia kurz vor der geplanten Rückkehr nach Afrika.

Im X. Buch gibt Augustinus einen Rechenschaftsbericht über den Stand seines Christseins zur Zeit der Abfassung der Confessiones. Das XI. Buch enthält in Form eines Selbstgesprächs philosophische Betrachtungen über die Zeit. In den Büchern XII und XIII interpretiert Augustinus die Schöpfungsgeschichte von Genesis 1 als Lobpreis auf die „Herrlichkeit Gottes".

Die Confessiones sind von Augustinus weithin in der Ich-Form geschrieben, und von daher ist es verständlich, dass sie oft als Autobiographie bezeichnet werden. Jedoch selbst wenn die Confessiones in den Büchern 1 bis 9 in ihrem Verlauf oft direkten Bezug nehmen auf die wechselvollen Ereignisse in Augustins vergangenem Lebensverlauf mit seinen Tiefen und Höhen, so sind sie doch keine Autobiographie im eigentlichen Sinn. Denn Augustinus setzt die Phasen seines

Lebensverlaufs immer in Beziehung zu Gott, den sein "Ich" dabei als göttliches "Du" anspricht, ihn lobpreist und dankt. Die biographischen Schilderungen geschehen in dem Bezugsverhältnis von Augustinus als der 1. Person zu Gott als der 2. Person, und zwar oft mit den ausdrücklichen persönlichen Fürwörtern "Ich" (lat. ego) und "Du" (lat. tu) wie auch mit den besitzanzeigenden Fürwörtern "mein" (lat. meus) und "dein" (lat. tuus). Insofern ist die Bezeichnung für dieses Werk als Confessiones im doppelten Sinn von Schuldeingeständnis und Glaubensbekenntnis zutreffend für dessen Inhalt. Das Grundmotiv ist Augustins tiefe Dankbarkeit gegenüber der göttlichen Vorsehung, die wunderbar über seinem bisherigen Leben gewaltet hat.

Die Confessiones, die autobiographische Elemente verarbeiten, stellen Augustins Leben als Modell der Bekehrung und des Bekenntnisses zum christlichen Glauben und Leben dar. Das Eingeständnis seiner eigenen Schuld und die Verweise auf Gottes Gnade sollen dem Leser Hoffnung machen und ihn in seinem Streben, ein guter Christ zu sein, ermutigen. Die Confessiones stellen eine Art Lebenshilfe für die Christgläubigen bereit.

Neben dem Text der Confessiones beziehe ich mich als weitere Quelle für meinen Vortrag auf den Bildzyklus mit den 17 Lebensbildern Augustins im toskanischen San Gimignano.

Im Laufe der Jahrhunderte haben sich auf der Grundlage von Augustins Ordensregel nach ihm benannte Mönchsorden gebildet, wie z. B. die Augustiner-Eremiten und Augustiner-Chorherren. Diese heute als Augustiner bezeichneten Ordensmitglieder haben sich natürlich immer zur Aufgabe gemacht, das Andenken an ihren Namensgeber in besonderer Weise zu wahren. So auch die Augustiner in San Gimignano.

In das toskanische San Gimignano - südwestlich von Florenz - sind die Augustiner-Eremiten 1272 gekommen und haben sogleich mit dem Bau ihrer einschiffigen Konventskirche San Agostino begonnen.

Da seit Anfang des 15. Jahrhunderts die Augustinermönche immer weniger die Regel ihres Ordensvaters Augustinus beachteten, war eine Reform ihrer "vita communis" dringend notwendig geworden. Zur Erneuerung des klösterlichen Lebens gehörte insbesondere die Rückbesinnung auf den Ordensgründer Augustinus als Vorbild und die Ermöglichung einer Identifizierung mit dessen Vita. Zu diesem Zweck wurde der Maler der Frührenaissance Benozzo Gozzoli (1421-1497) beauftragt, in den Jahren 1464-1465 an den Chorwänden der bereits 1272 erbauten Konventskirche San Agostino[1] den heute weitgehend noch erhaltenen Freskenzyklus zu malen, der 17 Szenen aus dem Leben des Augustinus darstellt.

Da bereits seit 1484 ein Hochaltar vor den Eingang des Chores gesetzt wurde, ist der Freskenzyklus an den Chorwänden vom Kirchenschiff aus nicht zu sehen. Die an den Chorwänden der Kirche befindlichen Fresken sind heute nur beim Betreten des Chores zu sehen. Insgesamt siebzehn Fresken zeigen Szenen aus dem Leben des Augustinus, nach dessen Klosterregel die Gemeinschaft der Augustiner-Eremiten von San Agostino bis heute lebt.

Fünf Fresken sind an die linke, nördliche Wand des Chors gemalt und weitere fünf Fresken befinden sich an der rechten, südlichen Wand des Chors. Sieben Fresken sind an der mittleren, östlichen Wand um das Fenster des Chors gruppiert. Der Augustinus-Zyklus mit seinen 17 Fresken ist in drei Gruppen gegliedert.

Augustins Bischofsweihe und Segnung der Gläubigen in Hippo Regius 14		Dialog mit Fortunatus 15		Vision des Hieronymus 16	Tod und Begräbnis Augustins in Hippo Regius 17	
Ankunft Augustins in Mailand 8	Szenen mit Bischof Ambrosius 9	Augustinus liest im Römerbrief 10		Taufe durch Ambrosius 11	Augustins Besuch bei Eremiten 12	Tod der Mutter in Ostia 13
Augustins Einschulung in Thagaste 1	An der Universität Karthago 2	Monikas Gebete für ihren Sohn 3	Reise von Afrika nach Rom 4	Ankunft im Hafen von Ostia 5	Augustins Lehrstuhl in Rom 6	Abreise aus Rom nach Mailand 7

Die Betrachterrichtung des Bildzyklus beginnt unten an der linken Chorwand. Sie verläuft von links nach rechts über die Fensterwand zur rechten Chorwand. Unten beginnend, steigt der Augustinuszyklus der 17 Fresken in den drei übereinander liegenden Reihen von unten nach oben. Die untere Reihe, bestehend aus sieben Bildern, stellt Augustins Einschulung in Thagaste bis zu seiner Abreise aus Rom nach Mailand dar. Die darüber befindliche, mittlere Reihe aus sechs Bildern zeigt die Entwicklung von seiner Ankunft in Mailand über seine Taufe durch Ambrosius bis zum Tod der Mutter in Ostia. Die obere Reihe aus 4 Bildern bringt die Vollendung von Augustins Bischofsweihe bis zum Abschluss seines Lebens. So bietet dieser Bildzyklus zugleich eine bildliche Metapher für die gesamte geistige Entwicklung des gelehrten Augustinus von seiner jugendlichen Unbekümmertheit bis zum vorbildhaften Glaubens- und Sittenleben im Alter. In Bezug auf den formalen Aufbau im Augustinuszyklus ist festzustellen: jedes Bild ist gerahmt, und unter jedes Bildfeld wird ein erklärendes Schriftband gesetzt, das manchmal nicht mehr ganz erhalten ist. Die in lateinischer Sprache verfassten Bildunterschriften verlaufen einzeilig oder aber zweizeilig.[2]

Auftraggeber des Fresken-Zyklus war der reformorientierte damalige Prior Fra Domenico Strambi. Da er nach dem Studium der Theologie an der Sorbonne in Paris 1457 promoviert worden war, wurde er auch "Doctor Parisinus" genannt. Sofort nach seinem Amtsantritt als Prior von San Agostino im Januar 1464 muss Domenico Strambi die Freskomalerei-Arbeiten durch den Maler "Benozzo Gozzoli Fiorentino" in Auftrag gegeben haben, wie aus dem Datum des 1. April 1464 in der Szene "Taufe des Augustinus" zu schließen ist. Fra Domenico Strambi findet sich mehrmals in den Fresken Gozzolis als Porträtfigur, und er wird auf dem Fresko der "Abreise aus Rom" in der Inschrift ausdrücklich genannt.

Das Grabmal des Auftraggebers Fra Domenico Strambi (+ 1488; bzw. 25. Nov. 1492) ist in Freskomalerei an der linken Langhauswand gleich hinter dem Eingang zur Sakristei dargestellt. Der Tote liegt in ein Augustinereremitengewand gekleidet auf der Deckplatte eines Sarkophags. Seine Hände sind über einem Buch gefaltet.

Der ausführende Künstler - hier auf einem Selbstporträt[3] - war der vom Prior für den Augustinuszyklus beauftragte Benozzo Gozzoli (* 1421 in Florenz; + 4. Oktober 1497 in Pistoia), ein italienischer Maler der Renaissance. Gozzoli, Sohn des Schneiders Lese di Sandro, lernte bei Fra Angelico. In Montefalco malte er 1452 in der Kirche San Francesco den Freskenzyklus nach der Legende des Heiligen Franziskus. 1464-1465 hielt er sich in San Gimignano auf, wo er unter anderem den großen, aus 17 Szenen bestehenden Freskenzyklus aus dem Leben des Augustinus für die Kirche *Sant' Agostino* gemalt hat.

I. VON AUGUSTINS KINDHEIT IN THAGASTE BIS ZUM LEHRSTUHL IN ROM (354 - 384), BEZEUGT IN SEINEN "CONFESSIONES" (I - V) UND ABGEBILDET IN 7 SZENEN DES BENOZZO GOZZOLI

A. KINDHEIT UND JUGEND (354-373)

1. Kindheit und frühe Jugend (1. bis 15. Jahr): 354-369

Augustinus wurde am 13. November 354 in Thagaste geboren,[4] einer kleinen Stadt der römischen Provinz Numidien in Nordafrika, dem heutigen Souk Ahras in Algerien. Er ist als römischer Bürger geboren, und Latein war seine Muttersprache.

Sein Vater Patricius gehörte zum Stadtrat und hatte einen kleinen Landbesitz. Der Religion nach war er im Gegensatz zu Augustins Mutter nicht gläubig (Conf. I,11,17), später wurde er allerdings Taufbewerber (Conf. II,3,6), der sich erst auf dem Totenbett (etwa 371) - Augustinus war siebzehn Jahre alt (Conf. III,4,7) - auf Wunsch seiner Frau taufen ließ.

Seine Mutter Monika war eine leidenschaftliche Christin (Conf. IX, 8,17), die auf Leben und Werdegang ihrer Kinder entscheidenden Einfluss genommen hat.

Augustinus hatte einen Bruder Navigius, den er in seinen Confessiones erwähnt (Conf. IX,11,27), und er soll auch eine uns nicht namentlich bekannte Schwester gehabt haben, der die spätere Überlieferung den Namen Perpetua gegeben hat.

Für Augustinus, den begabtesten ihrer Söhne, strebten die Eltern einen Beruf an, der ihm Ansehen und Reichtum einbringen sollte. Der Vater dachte an die Laufbahn des Lehramts oder an den Beruf eines rhetorisch ausgebildeten Rechtsanwalts. So musste Augustinus als Kind zunächst die vierjährige Grundschule in Thagaste besuchen (361 bis 365).

Benozzo Gozzoli zeigt im 1. Bild seines Freskenzyklus: *Die Einschulung des Kindes Augustinus in Thagaste (361)*

BEATVS AVGVSTINVS INPVERILI ETATE APATRE PATRITIO ET MATRE MONICA MAGISTRO GRAMATICE TRADITVS VLTRA MODVM BREVI PROFECIT TEM

Auf diesem ersten Fresko des Bildzyklus von San Gimignano werden - vor dem Hintergrund der Stadt Thagaste in der Mitte - im Bildvordergrund links und rechts je eine Bildszene dargestellt.

Auf dem linken Bildteil übergeben - vor einer Eingangsloggia - Augustins Eltern, Mutter Monika mit Heiligenschein und Vater Patricius, ihr Kind, das in ein grünes Gewand gekleidet ist, dem bärtigen Lehrer der Grammatikschule. Die gekreuzten Arme des Kindes weisen auf dessen gute Erziehung hin. Die Personen hinter den Eltern sind vermutlich Verwandte.

Auf dem rechten Bildteil ist die Grammatikschule dargestellt. Vor dieser wird auf dem Rücken eines älteren Schülers ein Kleinkind mit entblößtem Gesäß gehalten und von eben demselben Lehrer mit der Peitsche gezüchtigt. Mit seiner linken Hand weist der Lehrer als lobendes Beispiel auf das grün gewandte Kind Augustinus mit einer Schiefertafel, auf der bei genauer Betrachtung das Alphabet steht.

In der Elementarschule in Thagaste lernte Augustinus zwischen dem 6. und 10. Lebensjahr bei den *primi magistri* lesen, schreiben und rechnen (Conf. I,13,20), beim *grammaticus* die Grammatik, einschließlich Stilistik und Metrik, ferner die lateinische klassische Literatur - darunter Vergils Aeneis (Conf. I,13,20-22; 17,27),

Die einzeilige lateinische Bildunterschrift[5] *lautet ins* Deutsche übersetzt: "Wie der selige Augustinus, im kindlichen Alter vom Vater Patritius und der Mutter Monika dem Grammatik-Lehrer übergeben, in kurzer Zeit übermäßige Fortschritte machte."

Augustinus erwähnt in seinen Confessiones nicht die in dieser Bildunterschrift genannten großen Lernfortschritte innerhalb kurzer Zeit. Im Gegenteil aus seinen ersten Schuljahren sind vor allem negativ seine Erinnerungen an die Schläge mit der Rute (Conf. I,9,14f.), an den Lernzwang (Conf. I,12,19) und - für den in lateinischer Muttersprache Aufgewachsenen - an die Abneigung gegen die Fremdsprache des Griechischen (Conf. I,13,20; 14,23).

Im 1. Buch seiner Confessiones erinnert Augustinus an diese erste Schulzeit in Thagaste:

"So gab man mich zur Schule, damit ich lesen und schreiben lernte, wovon ich Armer nicht einsah, was das nützen sollte, - und bekam doch, wenn ich lässig war im Lernen, meine Schläge ...
Schon als Knabe also fing ich an, Dich zu bitten, "meine Hilfe und Zuflucht", und brach mir für Deine Anrufung schier die Zunge, und ich betete, ich, der Kleine, mit nicht kleiner Inbrunst, ich möchte in der Schule doch nicht geschlagen werden. Und wenn Du mich nicht erhörtest - was "mir freilich keine schlechte Lehre war" -, so gab es Gelächter bei den großen Leuten, bei meinen Eltern sogar, die gewiss nicht wollten, daß mir ein Übel widerführe, Gelächter über meine Schläge, damals für mich das große, das schwere Übel."
(Conf. I,9,14)

> *"Woran es aber lag, dass ich das Griechische hasste, in dem ich schon als Bübchen unterrichtet wurde, das ist mir noch heute nicht recht verständlich. Ich hatte doch das Lateinische liebgewonnen, freilich nicht das der untersten Stufe, sondern wie es die sogenannten Grammatiker lehren; denn die Anfangsgründe mit Lesen und Schreiben und Rechnen waren mir lästig und qualvoll wie nur je das Griechische." (Conf. I,13,20)*

Nach der vierjährigen Grundschule in Thagaste schickte der Vater seinen Sohn zur weiteren Ausbildung in die etwa 24 km entfernte Stadt Madaura. Auf der dortigen höheren Schule wurde für Augustinus zwischen dem 11. und 15. Lebensjahr (365 bis 369) der Unterricht in der Literatur beim *grammaticus* weitergeführt und dann mit dem Unterricht in der Rhetorik begonnen (Conf. II,3,5), denn Augustinus sollte ja einen Beruf ergreifen, in dem die Rhetorik wichtig war.

2. Pubertät (16. Jahr): 370

Mit 16 Jahren musste Augustinus dann aus vorübergehendem Geldmangel der Eltern (Conf. II,3,5) von der Schule in Madaura ins Elternhaus nach Thagaste zurückkehren und seine Ausbildung für ein Jahr unterbrechen. An diese Zeit der Pubertät um das Jahr 370 erinnert sich Augustinus, da sein ungeordnetes Triebleben zu Abenteuern und Ausschweifungen führte, wobei ihm seine erwachenden geschlechtlichen Begierden und insbesondere der nächtliche Diebstahl der Birnen aus dem Obstgarten eines Nachbarn in Erinnerung geblieben sind.

3. Studium (17. bis 19. Jahr): 371-373

Nach der einjährigen Unterbrechung der Schulzeit ermöglichte Romanianus (Conf. VI,14,24), ein sehr vermögender Vetter seines Vaters, dem Augustinus zwischen dessen siebzehnten und neunzehnten Lebensjahr ein dreijähriges Studium an der Hochschule in Karthago (371 bis 373).

Benozzo Gozzoli zeigt im 2. Bild seines Freskenzyklus: *Die ehrenvolle Zulassung des Studenten Augustinus an der Universität Karthago (371)*

Auf diesem Fresko, dessen rechter Teil zerstört ist, kniet Augustinus in der Bildmitte vor einem sitzenden Universitäts-Lehrer. Während er seine rechte Hand auf ein von diesem Lehrer im Schoß gehaltenes offenes Buch legt, deutet seine linke Hand darauf hin, dass er spricht bzw. etwas erklärt. Dieser prüfende Universitäts-Lehrer ist an seiner Berufskleidung erkennbar: eine weite weiße Toga, ein breiter roter Umhang, ein plissiertes weißes Halsband und die charakteristische Kopfbedeckung mit Band. Neben dem prüfenden Lehrer sitzt ein Schulbeamter, der die Szene kritisch beobachtet, während er in seinen Händen ein Buch hält.

Hier ist möglicherweise das offizielle Zulassungsexamen darge-stellt, je nachdem ob ein neuer Student eingeschrieben werden kann oder nicht. Dabei beobachten zwei jüngere Studenten in der Mitte des Hintergrunds und zwei ältere links im Vordergrund ängstlich bzw. kritisch das Geschehen.

Die einzeilige lateinische Bildunterschrift[6] des 2. Bildes, bei der ca. 45 Buchstaben fehlen, lautet ins Deutsche übersetzt: "Augustinus [, als er das 19. Jahr erreichte,] wurde mit großer Ehre zu der Univer-sität von Karthago zugelassen."

Karthago, die Hauptstadt des römischen Afrika, war damals die größte Stadt des lateinischen Abendlandes nach Rom und zugleich eine durch ihren Luxus und ihre Sittenlosigkeit berüchtigte Handels-metropole (Conf. III,1,1; III,3,6). Hier genoss Augustinus seine Frei-heit und die Freuden des städtischen Lebens; er stürzte sich in den Strudel der Liebesabenteuer und wurde das Opfer seiner Liebesleiden-schaft und Sinnlichkeit.

Im 3. Buch seiner Confessiones beschreibt Augustinus diese ausgelassene Studentenzeit:

> *"Ich kam nach Karthago. Es brodelte um mich her von schändli-chem Liebestreiben - wie das Wallen in einem kochenden Kessel ...*
> *Ich stürzte mich auch in ein Liebesverhältnis, nach dessen Fessel mich verlangte. Mein Gott, mein Erbarmen, wieviel Galle - wie gut Du bist! - sprengtest Du mir in diese Süße! Ja, ich ward geliebt, ich gelangte heimlich zur Vereinigung im Genuss, ich ließ mich ver-*

> *gnügt in die Bande von Not und Jammer schlagen, nur um ge-*
> *peitscht zu werden mit den glühenden Eisenruten der Eifersucht, des*
> *Argwohns, des Befürchtens und Zürnens und Zankes." (Conf. III,1,1)*

Aber bei allen sexuellen Ausschreitungen vergaß Augustinus sein Studium nicht, dem er mit Eifer und Erfolg nachging (Conf. III,3,6). Ein erster Schritt auf dem Weg zu seinem Berufsziel wurde dem Neunzehnjährigen (Conf. III,4,7f.) die Lektüre eines Buches, das sein Studienplan vorsah. Es war der seit dem Mittelalter verlorene Dialog »Hortensius«, in dem Cicero seine Leser von der politischen Rhetorik zur Philosophie aufrief (Conf. III,3,4).

Bald nach dem Hortensius-Erlebnis wandte sich Augustinus dem unter den Gebildeten in Karthago stark verbreiteten dualistischen gnostischen Manichäismus zu (Conf. III,6,10ff.), da das kirchliche Christentum ihn nicht befriedigte und auch die Bibel ihn literarisch enttäuschte. Neun Jahre lang (373-382; vgl. Conf. III,11,20; IV,1,1; V,6,10) war Augustinus Mitglied dieser durch den iranischen Propheten Mani (216 - 277) im dritten Jahrhundert begründeten Weltreligion. Augustinus gehörte jedoch nicht zu der kleinen Zahl der "Erwählten", sondern nur zur großen Menge der "Hörer".

B. BERUFLICHE LAUFBAHN (373-384)

4. Lehrer in Thagaste (19. bis 20. Jahr): 373-374

Nach Beendigung seiner Studien in Karthago kehrte Augustinus in seine Heimatstadt Thagaste zurück (Conf. IV,4,7), um eine private Schule zu eröffnen und selbst zu lehren. Jetzt begann seine berufliche Laufbahn als Lehrer der Grammatik (Possidius, Vita 1,2) und der Rhetorik (Conf. IV,2,2). Um ihn sammelte sich ein kleiner Schülerkreis, zu dem auch der aus Thagaste gebürtige Alypius gehörte, der später sein vertrauter Freund wurde.

Zu Beginn des 4. Buches seiner Confessiones (Conf. IV,2,2), wo Augustinus von seiner Lehrtätigkeit als 19- bzw. 20-Jähriger in Thagaste berichtet, erwähnt er erstmals - und zwar rückblickend auf die vorausgegangen wilden Jahre seines Studiums in Karthago -, dass er 371 bereits als Siebzehnjähriger während des Studiums in Karthago ein "monogamisches" Konkubinat[7] mit einer Afrikanerin begonnen hatte, über deren Herkunft und Namen er uns nichts mitteilt. Im Sommer (Mai) des Jahres 372 wurde dann dem siebzehnjährigen Augustinus von dieser seiner Konkubine ein unerwünschter - "wider Wunsch und Wille" - (Conf. IV,2,2) Sohn geboren, den er Adeodatus (= von Gott geschenkt) nannte.[8]

Im 4. Buch seiner Confessiones berichtet Augustinus darüber:

> *"In jenen Jahren [371/372] hatte ich geschlechtlichen Umgang mit einer einzigen nicht in einer Ehe, die man gesetzmäßig nennt - die schweifende Brunst, der Besonnenheit bar, hatte sie aufgespürt -, immerhin nur mit der einen, auch ihr die Treue im Umgang wahrend." (Conf. IV,2,2)*

Dieses »feste Konkubinat« hat dann insgesamt 14 Jahre bestanden, d. h. bis die Ungenannte 385 auf Betreiben von Augustinus und seiner Mutter von Mailand nach Afrika allein - also ohne den gemeinsamen Sohn - zurückkehren musste (Conf. VI,15,25).

5. Lehrer in Karthago (20. bis 28. Jahr): 374-382

Nach einer einjährigen Lehrtätigkeit (373 bis 374) in Thagaste wurde Augustinus über den plötzlichen Tod eines ihm seit seiner Kindheit liebsten Freundes derart schmerzlich betroffen, da ihn alles in dieser Stadt an seinen Freund immer wieder erinnerte, dass er seine Heimatstadt verlassen musste und zusammen mit seinem Schüler Alypius nach Karthago übersiedelte. Erst hier in Karthago, wo er dann 8 Jahre (374 bis 382) als Professor den städtischen Lehrstuhl für Rhetorik einnahm (Conf. VI,7,11), fand Augustinus allmählich seine innere Ruhe wieder, wovon der bekannte Text "Miteinander reden und lachen ..." (Conf. IV,8,13) in unserem Foyer ein Zeugnis gibt.

6. Abreise von Karthago nach Rom (29. Jahr): 383

In Augustins 29. Lebensjahr (Conf. V,3,3) fand die Begegnung mit dem von ihm "lang erwarteten" (Conf. V,6,10) Manichäerbischof

Faustus statt (Conf. V,7,13). Kurz nach diesem Zusammentreffen mit Faustus entschloss sich Augustinus, Karthago zu verlassen und nach Rom überzusiedeln, wo er noch Hilfe von den Manichäern in Anspruch nehmen konnte (Conf. V,10,18f.; 13,23), und wo sein »Herzensbruder« Alypius bereits auf ihn wartete. Das Hauptmotiv für Augustins Wechsel nach Rom war die Disziplinlosigkeit der karthagischen Schüler bzw. Studenten (Conf. V,8,14).

Davon berichtet er im 5. Buch seiner Confessiones:

> *"In Karthago ist eine abstoßende, maßlose Ausgelassenheit der Schüler das Übliche: sie stürzen unverschämt herein, und wie eine Horde von Rasenden bringen sie die Ordnung durcheinander, die der einzelne Lehrer zum Besten der Schüler eingeführt hat. Mit unbegreiflicher Rohheit treiben sie Frevel über Frevel ... Das war der Grund, weshalb ich mich entschloss wegzugehen, dorthin, wo nach der Aussage aller Kenner der Verhältnisse derlei Unfug nicht im Schwange war." (Conf. V,8,14)*

Nachdem Augustinus beschlossen hatte, als Rhetorik-Lehrer nach Rom zu gehen und damit zugleich Afrika zu verlassen, versuchte seine Mutter ihn davon abzuhalten bzw. ihn zu begleiten. Dies wiederum suchte Augustinus zu verhindern. So gab er ihr eine falsche Abfahrtszeit des Schiffes an (Conf. V,8,15) und ließ sie allein zurück.

Der Freskenzyklus des Benozzo Gozzoli bringt zu diesem Ereignis das 3. Bild: *Monika betet für ihren Sohn Augustinus und segnet ihn beim Verlassen Afrikas (383)*

Das ursprüngliche Fresko war stark beschädigt und ist im 18. Jahrhundert ohne Bildunterschrift restauriert worden. Es zeigt zweimal Augustins Mutter Monika bei seiner Abreise aus Karthago. Auf dem linken Bildteil kniet sie in einer gotischen Kapelle vor einem Altar im Gebet für ihren Sohn während seiner Reise über das Mittelmeer. Unterstützt wird sie von mehreren Frauen.

Auf dem rechten Bildteil steht sie traurig außerhalb der Kirche und stützt mit der linken Hand ihren Kopf und mit der rechten erhobenen Hand segnet sie ihren Sohn. Flankiert ist sie von einer der Frauen.

Im 5. Buch seiner Confessiones schreibt Augustinus über die heimliche Abreise aus Karthago:

> *"Warum aber ich von Karthago nach Rom ging, Du wusstest es, o Gott, machtest es aber weder mir noch der Mutter kund, die bei meiner Abreise bitterlich weinte und mir bis zum Meere folgte. Ich täuschte sie, da sie mich mit Gewalt festhielt, entweder um mich zurückzuhalten oder selbst mit mir zu gehen, und gab vor, bei einem Freunde zu bleiben und nicht ohne sie abzufahren, bis ein günstiger Wind die Abfahrt ermögliche. So betrog ich die Mutter, und welch eine Mutter!"* (Conf. V,8,15)

Der Freskenzyklus des Benozzo Gozzoli bringt zu diesem Ereignis auch noch ein 4. Bild: *Augustins Überfahrt von Karthago nach Rom (383)*

Anstelle des zerstörten Original-Freskos wurde dieses Ersatzbild geschaffen. Man sieht Augustinus in der Tracht des Doktors auf einem Schiff mit eingezogenen Segeln, und er deutet mit dem rechten Zeigefinger zum Himmel. Begleitet wird er von zwei Seeleuten und von zwei Anhängern. Die Überfahrt ist dadurch ausgedrückt, dass das Heck des Segelschiffs noch auf die Küste Afrikas verweist, während der Bug schon Italiens Küste erreicht hat.

7. Lehrer in Rom (29. bis 30. Jahr): 383-384

Von Augustins Aufenthalt in Rom bringt Benozzo Gozzoli insgesamt drei Fresken:

Im 5. Bild des Freskenzyklus zeigt er: *Die Ankunft Augustins im Hafen von Ostia (383)*

Im Vordergrund wird Augustinus - in seiner Kleidung als Doktor aus-
gewiesen - von einem älteren Würdenträger - vermutlich von einem
zur römischen Gemeinde der Manichäer[9] gehörenden Lehrerkollegen -
begrüßt, der seine beiden Hände ergriffen hat. Von den zwei Personen
links könnte die jüngere, das Schwert tragende, Augustins zwölfjähri-
ger Sohn Adeodatus sein, denn sie ist ihm sehr ähnlich: die gleiche
schlanke Gestalt, der gleiche feine Gesichtsausdruck, die gleichen
Augen, die gleiche Haarfarbe und Haarfrisur. Ferner könnte die hinter
dem Sohn Adeodatus erscheinende Frau dessen Mutter, d. h. Augustins langjährige Lebensgefährtin sein, die sorgfältig das Bündel Wä-
sche an Land bringt. Zur Linken weist der alle Personen überragende
Schiffsmast mit dem Segel auf die soeben erfolgte Ankunft hin. Die
Confessiones berichten nicht eigens über die Ankunft im Hafen von
Ostia.

Im 6. Bild seines Freskenzyklus zeigt Benozzo Gozzoli: *Augustins Lehrstuhl für Rhetorik und Philosophie in Rom (383-384)*.

In der Bildmitte sitzt Augustinus als Lehrer der Rhetorik und Philosophie in der Mitte des Raumes auf einem thronartigen, durch Stufen
erhöhten Lehrstuhl, dessen Rückenlehne in Form einer Muschelnische
die gesamte Raumhöhe einnimmt. Vor ihm liegt ein aufgeschlagenes
Buch, aus dem er vorliest. Augustinus ist hier im Bild noch nicht als
Heiliger mit Gloriole dargestellt, da er noch der Irrlehre der Manichäer
anhängt. Er ist umgeben von einer prächtig gekleideten großen Zuhörerschaft im gesetzten Alter, die in einer Bilddiagonalen auf die
Kathedra des Augustinus ausgerichtet ist. Ein links im Vordergrund
Sitzender hält auf seinem Schoß ein aufgeschlagenes Buch mit dem

35

lateinischen Text: RHETO/RICE EST / SCIENT/IA QVE / IN PERS/VADEN/DO CON/SISTIT - ins Deutsche übersetzt -: "Rhetorik ist eine Wissenschaft, die im Überzeugen besteht." Diese Buchinschrift ist ein Hinweis auf Cicero, bei dem diese Sentenz fast wörtlich erscheint.[10] Im Bildvordergrund sitzt vor dem lehrenden Augustinus ein Hund, das klassische Begleittier des Gelehrten in der Renaissance. Im Hintergrund sieht man durch das offene rechte Fenster eine Zypresse und zwei Gebäude der Stadt Rom: die Cestius-Pyramide und die Porta S. Paolo. Durch das offene linke Fenster blickt man auf das Kolosseum.

Die einzeilige lateinische Bildunterschrift[11] beim 6. Bild besagt: "Vor einer großen Menge außerordentlicher Männer und Schüler las er öffentlich in einer Griechisch-Schule Rhetorik und Philosophie."

Im Gegensatz zum dargestellten Bild und seiner Bildunterschrift, in der von einer großen Zuhörerschaft, einer öffentlichen Griechisch-Schule und von berühmten Männern gesprochen wird, steht der Bericht im 5. Buch der Confessiones, dass er die römischen Studenten in seiner Wohnung um sich versammelte und diese zwar ruhiger waren, als die in Karthago, aber ihn dennoch enttäuschten, weil er von vielen um sein Honorar geprellt wurde (Conf. V,12,22).

Als dann im Jahr 384 in Mailand, der damaligen kaiserlichen Residenz- und Hauptstadt des weströmischen Kaiserreiches, ein "magister rhetoricae" gesucht wurde (Conf. V,13,23), bewarb sich Augustinus als Lehrer der Rhetorik, da er in der lateinischen Literatur beschlagen war und zudem die Empfehlungen manichäischer Freunde aufzuweisen hatte. Insbesondere hatte er die Empfehlung des römischen Stadtpräfekten Symmachus, dessen Abneigung gegen die Christen bekannt war. Dem jungen dreißigjährigen Professor wurde der Umzug von Rom nach Mailand mit der kaiserlichen Post zugesagt.

Im 5. Buch der Confessiones heißt es dazu:

"Als man nun von Mailand nach Rom zum Stadtpräfekten schickte, er möge für jene Stadt einen Lehrer der Rhetorik besorgen, der seine Reise dahin auf Staatskosten zurücklegen konnte, bewarb ich mich selbst und zwar durch Vermittlung eben jener Freunde, die von

> *der manichäischen Torheit trunken waren - mein Weggang sollte auch ein Bruch mit ihnen werden, aber wir ahnten das nicht, weder sie noch ich -, und als Symmachus, der damalige Präfekt, die mir auferlegte Proberede beifällig angehört hatte, schickte er mich dorthin." (Conf. V,13,23a)*

Über Augustins Abreise aus Rom bringt Benozzo Gozzoli das Fresko Nr. 7: *Augustins ehrenvolle Abreise aus Rom in Richtung Mailand (384)*

Die einzeilige Bildunterschrift[12] beim 7. Bild besagt: "Wie Augustinus als Lehrer für Rhetorik und Philosophie von Simachus, dem Präfekten der Römer, nach Mailand geschickt, mit höchster Pracht und Ehre die Stadt Rom verlassen hat."

In der Mitte des Freskos ist Augustinus zu sehen, als der nach Mailand berufene Stadtredner. Er verlässt zu Pferd mit großem Gefolge "auf Staatskosten" Rom. In seiner Begleitung folgen ihm Helfer, Schreiber und Stenographen. Der zu seiner Rechten schreitende junge Mann könnte sein damals 13-jähriger Sohn Adeodatus sein.

Wie im linken Bildhintergrund zu sehen, verlässt Augustinus die Stadt Rom mit der Engelsburg, dem Pantheon, der Trajans-Säule und der Cestius-Pyramide. Der Zug des abreisenden Augustinus bewegt sich von links nach rechts in eine Landschaft mit Hecken und Wegen dazu mit Dattelpalmen, Zypressen und Orangenbäumen. Die dynamische mittlere Reisegruppe mit Augustinus auf dem Reitpferd ist eingerahmt von einer statischen Gruppe am linken Bildrand, bestehend aus drei zurückbleibenden römischen Bürgern, und auf der rechten Seite vermutlich aus dem Maler Benozzo Gozzoli (in rotem Gewand), dessen linke Hand auf Augustinus weist, und seinem Assistenten.

Am oberen Bildrand halten zwei schwebende Engel ein Spruchband mit einer lateinischen Aufschrift,[13] die hinweist auf den Auftraggeber Fra Domenico Strambi, der den Bild-Zyklus initiierte, und auf den ausführenden Künstler Benozzo Gozzoli sowie auf das Datum der Ausführung, das Jahr 1465.

II. VON AUGUSTINS LEHRAMT IN MAILAND BIS ZUM TOD DER MUTTER IN OSTIA (384 - 387), BEZEUGT IN SEINEN "CONFESSIONES" (V - IX), ERZÄHLT IN DER "LEGENDA AUREA" UND ABGEBILDET IN 6 SZENEN DES BENOZZO GOZZOLI

C. AUF DEM WEG ZUR UMKEHR (384 - 388)

8. Lehrer in Mailand (30. bis 32. Jahr): 384-386

Augustins Ankunft in Mailand bringt Benozzo Gozzolis 8. Fresko: *Ankunft und ehrenvoller Empfang Augustins in Mailand (384).*

Drei Szenen werden auf diesem Fresko dargestellt. Im Vordergrund ist auf der linken Bildseite das Reitpferd zu sehen, von dem Augustinus - in der Mitte zum Betrachter gewendet - gerade herabgestiegen ist und ihm von einem Diener die Sporen und sein Reisemantel abgenommen werden. Die Sporenabnahme ist ein Zeichen für den hohen Rang und unterstreicht Augustins Reise auf Staatskosten. Ein auf der linken Seite dargestellter junger Mann mit Mütze, der sich um Augustins Pferd kümmert, könnte Adeodatus, der zwölfjährige Sohn des Augustinus, sein. Im Bildhintergrund im mittleren Arkadenbogen begrüßt Theodosius, der Stadtpräfekt von Mailand, den vor ihm niedergeknieten Augustinus. Auf der rechten Seite im Vordergrund begrüßt der soeben angekommene Augustinus den Bischof der Stadt Mailand, Ambrosius, der seine Hände ergreift.

Die zweizeilige lateinische Bildunterschrift[14] zum 8. Bild lautet ins Deutsche übersetzt: "Wie Augustinus als Lehrer für Philosophie und Rhetorik von Rom in höchster Begleitung von Schülern und Lehrern nach Mailand kommend, vom Imperator Theodosius und vom heiligen Mann Ambrosius dankbar und ehrenvoll empfangen worden ist."

Augustinus schreibt im 5. Buch der Confessiones über seine erste Begegnung mit Ambrosius:

> *"So kam ich nach Mailand zum Bischof Ambrosius ... Mit väterlicher Freundlichkeit nahm dieser Gottesmann mich auf und hatte an meiner Übersiedlung bischöfliches Wohlgefallen." (Conf. V,13,23b)*

Augustinus übernahm 384 den Lehrstuhl in Mailand (Conf. VI,11,18). Mit ihm kam von Rom sein Schüler und Freund Alypius (Conf. VI,10,16). Später folgte auch Nebridius von Karthago nach Mailand (Conf. VI,10,17). Auf Augustinus hat Ambrosius, der Bischof von Mailand, dessen Gottesdienste er aus beruflichem Interesse "allsonntäglich" (Conf. VI,3,4) besuchte, um "die Redegabe" des großen Mannes "zu prüfen", im Lauf der Zeit entscheidenden Einfluss gewonnen.

Im 6. Buch seiner Confessiones berichtet Augustinus davon, dass seine Mutter Monika ihm von Afrika nach Mailand nachgereist war (Conf.VI,1,1) und sich sehr bald für den Bischof Ambrosius be-

40

geistert hat, *"zu welchem sie um meines Seelenheiles willen eine große Zuneigung hegte" (Conf.* VI,2,2).

Das Verhältnis von Augustinus und Monika zu Ambrosius stellt Benozzo Gozzolis 9. Fresko dar: Ambrosius, der Bischof von Mailand (384)

Auf einem öffentlichen Platz sind drei Szenen nebeneinander gesetzt, die zeitlich und räumlich im eigentlichen Sinn voneinander zu trennen wären.

Links im Vordergrund steht Augustinus als neu ernannter Stadtredner von Mailand vor dem auf einer Kathedra sitzenden Bischof Ambrosius und diskutiert mit ihm, was ihre unterschiedlichen Handgesten zum Ausdruck bringen. Der bischöfliche Sekretär hinter Ambrosius schlägt zum Nachweis in einem Buch nach. In der Bildmitte dahinter kniet Monika mit gekreuzten Armen vor Ambrosius.

Rechts vorne sitzt eine größere Anzahl von Personen, darunter Monika und Augustinus, die der Predigt des Ambrosius zuhören.

Im 6. Buch der Confessiones sagt Augustinus von sich: "Und nun, ich zählte schon dreißig Jahre, und noch immer steckte ich im alten Schlamm ... Die Stunden des Vormittags gehören meinen Schülern" (Conf. VI,11,18). Die Spannung zwischen seinem Wunsch nach einem nur der Weisheit gewidmeten asketischen Leben auf der einen Seite und der Unentbehrlichkeit des Umgangs mit Frauen auf der anderen verschärfte sich durch den vor allem von der Mutter verfolgten Plan, ihn zu einer standesgemäßen Ehe zu veranlassen.[15] Zumal die kaiserliche Gesetzgebung den "honestiores" wie Augustin verbot, Frauen niederer Herkunft zu ehelichen - und das war ohne Zweifel bei der Mutter von Adeodatus der Fall. Diese Vorschrift führte innerhalb kürzester Zeit zu einem förmlichen Verlöbnis Augustins mit einem jungfräulichen, erst zwölfjährigen - also erst in zwei Jahren heiratsfähigen - Mädchen (ebd.). So sollte der inzwischen dreißigjährige Augustinus noch zwei Jahre bis zu seiner Eheschließung, d. h. zu einem Vollzug der Ehe, warten.

Im 6. Buch der Confessiones erwähnt Augustinus diese Verlobung:

> *"Man drängte mich unablässig, eine Gattin heimzuführen. Schon bewarb ich mich, schon erhielt ich die Zusage, hauptsächlich auf Betreiben der Mutter ... Indes, das Drängen hielt an, und die Werbung erging an ein [zwölfjähriges] Mädchen, dem noch fast zwei Jahre zum heiratsfähigen Alter fehlten; doch weil gerade sie entsprach, so hieß es eben warten." (Conf. VI,13,23)*

Obwohl der mit dieser förmlichen Verlobung verbundene unvermeidliche Abschied von Augustins bisheriger Konkubine, mit der er 14 Jahre Tisch und Bett geteilt und mit der er einen Sohn gezeugt hatte, ihn außerordentlich schmerzte, musste diese Mailand verlassen und nach Nordafrika zurückkehren. Den gemeinsamen Sohn Adeodatus behielt Augustinus bei sich.

Da jedoch der dreißigjährige Augustinus für die zwei verbleibenden Jahre bis zur möglichen Heirat seiner Verlobten nicht warten und auf den Sexualverkehr nicht verzichten konnte, "verband er sich mit einer anderen [Konkubine]" (Conf. VI,15,25).

Augustinus schreibt im 6. Buch der Confessiones über seine neue Konkubine:

> *"Inzwischen mehrten sich meine Sünden. Und da die von meiner Seite gerissen ward - ein Hindernis freilich für meine Vermählung -, mit welcher ich mein Bett zu teilen gewohnt war, ward mein Herz, das an ihr hing, durchbohrt, verwundet und blutete. Sie aber war nach Afrika zurückgekehrt und hatte dir gelobt, nie mehr einem andern Manne anzugehören, und ließ mir zurück den natürlichen Sohn, den ich mit ihr gezeugt hatte.*
> *Ich aber war unglücklich und konnte nicht einmal Nachahmer des Weibes sein, sondern des Aufschubs ungeduldig, da ich erst in zwei Jahren die erhalten würde, um die ich geworben, verband ich mich, weil ich nicht Freund der Ehe, sondern Sklave der Lust war, mit einer andern, freilich nicht als Gattin." (Conf. VI,15,25)*

9. Bekehrung (32. Jahr): 386

Eines Tages begaben sich Augustinus und Alypius in den Garten des Hauses in Mailand (Conf. VIII,8,19), das vermutlich die beiden sowie Nebridius (Conf. VIII,6,13) und Augustins Familie, d. h. Mutter Monika, Sohn Adeodatus und Bruder Navigius (Conf. IX,11,27) bewohnten. In diesem Garten hatte Augustinus dann ein Erlebnis, das seinen bisherigen Lebensweg umkehren sollte.

Benozzo Gozzoli hat dieses Gartenerlebnis in seinem 10. Fresko dargestellt; *Augustins Bekehrungsszene (386)*.

44

Auf dem Bild ist zu sehen, wie Augustinus sich unter einem Feigenbaum im Garten, der durch einen Zaun aus einer Rosenhecke angedeutet ist, niedergelassen hat. Er stützt den Kopf in die Hand und liest
nachdenklich in einem Buch. Von rechts tritt sein Freund Alypius zu
ihm, der mit seiner Rechten auf ein bedeutendes Buch verweist. Augustinus hatte soeben eine himmlische Stimme - angedeutet durch
einen aus dem Himmel auf Augustins Haupt niedergehenden Licht-
strahl - vernommen, die rief: "tolle, lege" ("nimm, lies").

Augustinus berichtet ausführlich von diesem Ereignis unter einem Feigenbaum im kleinen Garten seiner Mailänder Herberge. Es ist
die berühmte Szene aus dem 8. Buch der Confessiones:

> *"Siehe, da hörte ich aus dem Nachbarhaus vielleicht eines Knaben*
> *oder eines Mädchens Stimme in singendem Ton immer wieder und*
> *wieder die Worte sagen: "Nimm und lies! Nimm und lies!" ... Ich*
> *begann, angestrengt darüber nachzudenken, ob die Kinder bei ir-*
> *gendeinem Spiel diese Worte zu singen pflegen. Ich konnte mich*
> *dessen aber durchaus nicht entsinnen. Ich hielt den Tränenguss zu-*
> *rück und stand auf; denn ich konnte es mir nicht anders deuten als*
> *einen Befehl vom Himmel, die Schrift aufzuschlagen und das erste*
> *Kapitel, auf das ich treffen würde, zu lesen... So begab ich mich*
> *denn in heftiger Erregung zu dem Platz zurück, auf dem Alypius*
> *saß; denn dort hatte ich, als ich aufgestanden war, die Schriften des*
> *Apostels liegenlassen. Ich ergriff sie, schlug sie auf und las schwei-*
> *gend den Abschnitt (Röm. 13, 13f.), der mir zuerst in meine Augen*
> *fiel:*
>
>> *"Nicht in Gelagen und Trinkereien,*
>> *nicht in Beischläfereien und Zügellosigkeiten,*
>> *nicht in Streit und Eifersucht,*
>> *sondern ziehet an den Herrn Jesus Christus*
>> *und des Fleisches Sorge macht nicht zu Begierden!"*
>
> *Weiter wollte ich nicht lesen. Es war auch nicht nötig; denn gleich*
> *beim Schluss dieses Satzes ergoss es sich wie Licht und Sicherheit in*
> *meine Seele. Alle Finsternis, aller Zweifel war dahin."*
> *(Conf. VIII,12,29)*

Auf diese Weise erlebte Augustinus seine »Bekehrung« zu einer neuen, christlichen Lebensführung strenger mönchischer Askese. Die »Bekehrung«, zu der er sich nach langem, hartem Kampf durchrang, bestand in dem totalen Bruch mit dem bisherigen Leben, und letztlich in der Aufgabe seines Berufs als Rhetoriklehrer und im Verzicht auf Verlobung, Ehe und sinnliche Genüsse, auf Reichtum, Glanz und Bewunderung der Menschen. Dieses Bekehrungserlebnis geschah um den 1. August des Jahres 386.

Im 9. Buch seiner Confessiones berichtet Augustinus davon, dass er nach diesem Bekehrungs-Erlebnis noch etwa drei Wochen bis zum Beginn der Weinleseferien (Conf. IX,2,4), die vom 23. August bis 15. Oktober dauerten, seine beruflichen Unterrichtspflichten zu Ende führte.

Mit Beginn der Ferien verließ Augustinus die Stadt Mailand und begab sich dann für mehrere Monate auf das Landgut Cassiciacum, ca. 30 km nördlich von Mailand. In seiner Begleitung befanden sich u. a. seine Mutter Monika, sein Sohn Adeodatus, ferner Alypius (Conf. IX,4,8) und sein Bruder Navigius. Das Leben auf dem Landgut verlief nach strenger Tagesordnung und Zeiteinteilung. Jeder hatte Zeit zur Sammlung und für private Studien. Zum Ende der Ferien, im Oktober 386, erklärte Augustinus formell den Rücktritt von seinem Mailänder Lehramt (Conf. IX,5,13).

Im Januar oder Februar 387 verließ Augustinus mit seinen Begleitern Cassiciacum, um mit seinem inzwischen "fünfzehnjährigen" (Conf. IX,6,14) Sohn und seinem Freund Alypius an dem üblichen Katechumenenunterricht in Mailand teilzunehmen, der die österlichen Tauffeiern einleitete.

10. Taufe (33. Jahr): 387

In der Osternacht vom 24. auf den 25. April des Jahres 387 wurde Augustinus dann zusammen mit Adeodatus und Alypius von Ambrosius in Mailand getauft.

Diese Tauffeier stellt Benozzo Gozzoli in seinem 11. Fresko dar: *Augustins Taufe durch Bischof Ambrosius zu Ostern (387).*

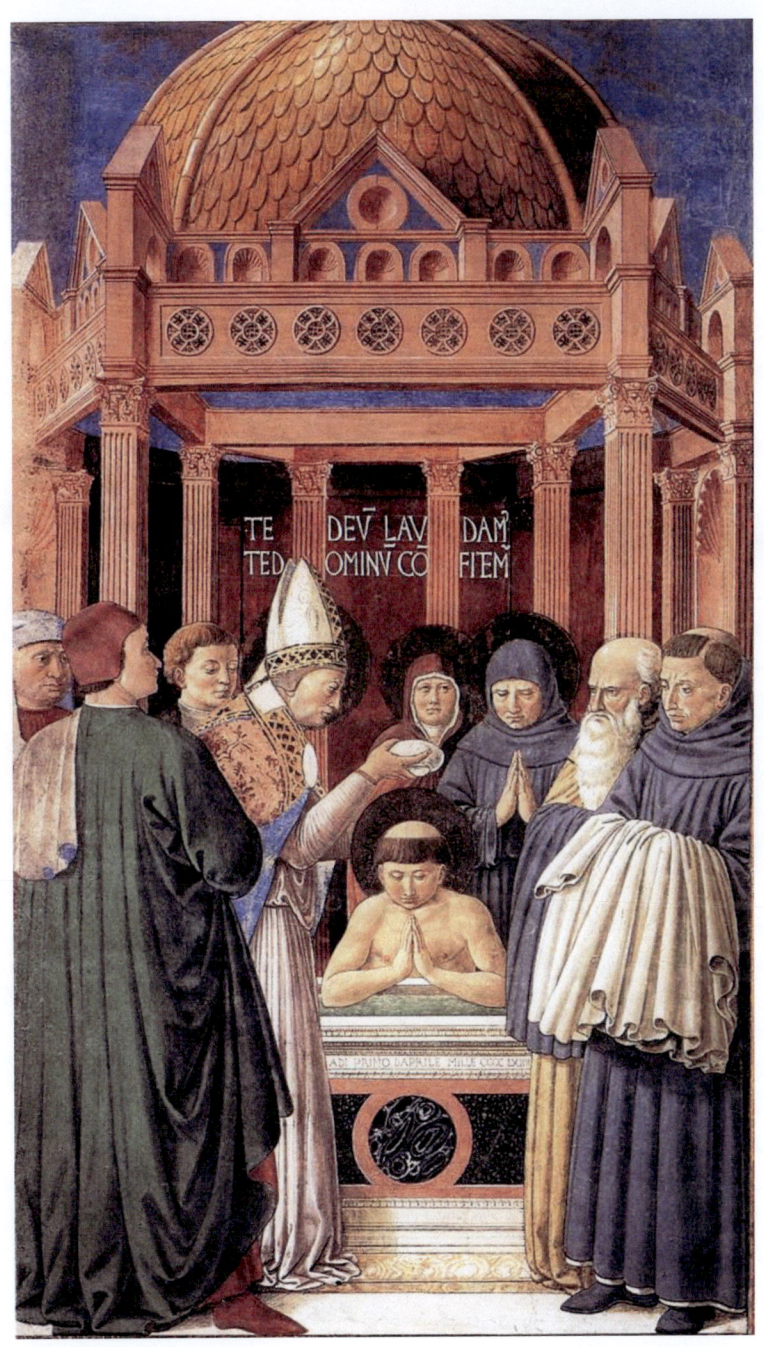

TE DEV LAV DAM
TED OMINV CO FIEM

In einem achteckigen Baptisterium kniet Augustinus mit Nimbus und Tonsur betend hinter einem Taufbecken und wird vom Bischof Ambrosius getauft. Um das Taufbecken gruppieren sich acht Personen. Ganz vorne rechts im Bild steht Domenico Strambi, der Prior des Augustiner Konvents von San Gimignano. Die andere ältere Person rechts neben ihm ist möglicherweise ein griechisch-christlicher Philosoph. Beide Personen halten in ihren Armen die künftige Mönchskleidung des Augustinus. Hinter dem knienden Augustinus stehen mit Nimbus seine Mutter Monika und der Mailänder Priester Simplicianus. Alle Mönche auf dem Bild tragen die für die Augustiner-Eremiten an Festtagen vorgeschriebenen schwarzen Kutten, während sie im Alltag weiße Gewänder tragen.

Im Bildhintergrund liest man auf der dunkelroten Rückwand die Inschrift: "TE DEVM LAVDAM[VS] / TE DOMINV[M] CONFITEM[VR]." In der "Legenda aurea" heißt es dazu:[16] "Bei der Taufe, erzählt man, dass Ambrosius sprach 'Te deum laudamus' und Augustinus antwortete 'Te dominum confitemur'; also antwortete einer dem anderen, und sie dichteten also diesen Lobgesang und sangen ihn zu Ende."

Interessant ist in diesem Zusammenhang das von Augustinus gesprochene Wort "confitemur". Dieses Verb "confiteor" entspricht dem Hauptwort "confessio", das in der Mehrzahlform "Confessiones" zu seinem berühmten Buchtitel geworden ist.

In der Vorderseite des Taufbeckens befindet sich ebenfalls eine Inschrift.[17] Hierbei handelt es sich von der Hand des Künstlers Benozzo Gozzoli um die Datierung des 1. April 1464.

Die zu diesem 11. Fresko gehörende zweizeilige lateinische Bildunterschrift[18]lautet ins Deutsche übersetzt: "Wie, nachdem vom seligen Mann Ambrosius der heilige Augustinus die heilige Taufe empfing, zusammenfügten und komponierend beide sangen zum Schluss das Te Deum laudamus."

Offensichtlich hat bei der Tauffeier der Mailänder Kirchengesang mit seinen Hymnen und Gesängen bei Augustinus einen tiefen Eindruck hinterlassen.

Diesem 11. Fresko von der Taufe lässt Benozzo Gozzoli ein 12. Bild folgen, dessen Hintergrund allerdings legendäre Erzählungen über Augustinus sind, und über die keine Aussagen in den Confessiones gemacht werden: *Augustinus bei den Eremiten auf dem Berg und in der Ebene sowie am Meer bei einem Knaben*

Die zu diesem 12. Fresko gehörende zweizeilige lateinische Bildunterschrift[19] lautet ins Deutsche übersetzt: "Wie der heilige Augustinus die Eremiten vom Berg Pisano besuchte ... , ihnen die Regel von unserem Herrn Jesus Christus ... übergab / und andererseits der Vergleich des Meeres mit einer kleinen Grube ihn über die schwierige Erkenntnis der untrennbaren Dreifaltigkeit unterrichtet."

In der Bildunterschrift werden drei legendäre Szenen vor Augustins Rückkehr nach Afrika erwähnt und auf diesem Fresko dargestellt. Im Bildhintergrund sitzt Augustinus in einer Gebirgslandschaft vor einer Gruppe stehender Mönche, die Augustinus besuchte, um die Lebensweise dieser Eremiten kennenzulernen. Auf dem Gipfel des Berges befindet sich eine Klosteranlage, umgeben von Büschen und Bäumen.

Am rechten Bildrand ist als Folge davon Augustins Ordensgründung der Augustiner-Eremiten dargestellt. Vor einem Kloster sitzt Augustinus mit einem aufgeschlagenen Buch auf dem Schoß und übergibt seine Ordensregel den im Halbkreis um ihn herum Knienden, von denen die zwei neben ihm das Buch mit beiden Händen greifen. Die Klosterregel des Augustinus ist die älteste Westeuropas und besteht aus 8 kurzen Kapiteln.

Die Szene links im Vordergrund stellt eine Legende aus dem 13. Jahrhundert dar:

"Augustinus, der über das Mysterium der Dreifaltigkeit nachdachte, ging eines Tages am Strand spazieren und begegnete dort einem kleinen Jungen, der damit beschäftigt war, mit einem Löffel bzw. einer Muschel, Wasser aus dem großen Meer in ein kleines Loch im Sand zu gießen. Auf die Frage des Augustinus nach dem Grund des kindlichen Bemühens, antwortete das Kind, dass es das ganze Meer in dieses Loch füllen wolle. Als Augustinus sagte, dass dies unmöglich sei, erwiderte das Kind: "Wie es nicht möglich ist, das gesamte Meer in ein kleines Sandloch zu füllen, so ist es auch unmöglich, dass das große Mysterium des dreifaltigen Gottes in den kleinen Kopf eines Menschen eingehen kann."

Daraufhin erkennt Augustin in dem kleinen Jungen das Christus-Kind, das deshalb hier von einem Nimbus umgeben ist.

11. Rückkehr nach Afrika (33.- 34. Jahr): 387-388

Im Unterschied zu dem vorausgegangenen legendären und von Benozzo Gozzoli in die Augustinus-Vita eingeschobenen 12. Fresko berichten die Confessiones im 9. Buch, dass Augustinus relativ bald nach der Taufe einen neuen Freund gewann, Evodius aus Thagaste, der auch als kaiserlicher Beamter in Mailand nach seiner Taufe den Staatsdienst aufgegeben hatte. Beide beschlossen die Rückkehr nach Nordafrika (Conf. IX,8,17), um in Thagaste auf dem väterlichen Besitz des Augustinus das klösterlich-philosophische Leben von Cassiciacum fortzusetzen. Monika, Adeodatus, Alypius und Navigius, der Bruder des Augustinus, stimmten freudig zu. Während man in Ostia am Tiber, der Hafenstadt Roms, im Herbst 387 auf die Überfahrt nach Afrika wartete, erkrankte Monika und starb einige Tage später (Conf. IX,8,17).

Benozzo Gozzoli hat diese Ereignisse in Ostia in seinem 13. Fresko dargestellt: *Die Ekstase von Ostia, der Tod der Monika und die Schiffsrückfahrt Augustins nach Afrika (387).*

Die zu diesem 13. Bild gehörende zweizeilige lateinische Bildunterschrift,[20] *bei der ca. 40 Buchstaben fehlen,* lautet ins Deutsche übertragen: "Wie sehr der heilige Augustinus am Fenster der Herberge mit
seiner frommen Mutter Monika über Göttliches sprach und nach ihrem seligen Tod in den Himmel ging, genommen habend ein Schiff
mit Alypius, Evodius, seinem Sohn Adeodatus und vielen anderen
katholischen Männern fuhr er nach Afrika."

Auf diesem 13. Fresko Gozzolis sind insgesamt 3 Szenen dargestellt: Die erste Szene links oben im Hintergrund zeigt eine zeitlich
Monikas Tod vorausgehende Begebenheit, und zwar bei einem Zusammentreffen von Monika und Augustinus im Innenhof eines Hauses

in Ostia ihr Gespräch an einem Fenster über Tod und Weiterleben im Jenseits.

Im 9. Buch der Confessiones gibt Augustinus - diese erste Szene betreffend - eines der letzten Gespräche mit Monika in Ostia wieder, das sie über alle irdischen Dinge hinaus zu einer Art ekstatischem Erlebnis führte (Conf. IX,10,23-25,25):

> *"Als nun der Tag herannahte, an dem sie aus dem Leben scheiden sollte - Du kanntest ihn, wir nicht -, da traf es sich, wie ich glaube durch Deine geheime Fügung, dass wir beide allein, ich und sie, an einem Fenster gelehnt standen ... Da führten wir beide Aug' in Aug' ein herzerquickendes Gespräch, wir vergaßen, was dahinter ist, und streckten uns zu dem, was da vorne ist, und fragten uns im Angesicht der Wahrheit, die Du bist, wie wohl das ewige Leben der Heiligen sein werde..." (Conf. IX,10,23)*

Monika starb am 9. Tag nach ihrer Erkrankung. Sie wurde 56 Jahre alt. Der Tod Monikas ist gemäß den Confessiones (Conf. IX,11,28) im dreiunddreißigsten Lebensjahr des Augustinus, also vor dem 13. November 387, zu datieren.

Die zweite Szene auf Benozzo Gozzolis 13. Fresko gibt Monikas Sterben und Tod wieder: in der Bildmitte sitzt die betende Monika auf ihrem Totenbett schaut zum Jesuskind auf, das vor ihren Augen erscheint. Ihr Sohn Augustinus steht links von ihr mit seinem linken Fuß auf der Estrade, und er liest ihr vor. Die Person weiter links von Augustinus, die ein rotes Gewand trägt und ihre Hände faltet, könnte der fünfzehnjährige Adeodatus sein, der über den Tod seiner Großmutter sehr betrübt war. Vor dem Totenbett sitzt eine Frau mit ihrem Kind. Die Gruppe der Frauen, die hinter dem Totenbett stehen, sind als Begleiterinnen der Monika alle wie sie gekleidet - mit einer Ausnahme, der Frau in Rot. Der rechts vorne vor ihrem Totenbett stehende Mönch ist der Auftraggeber des Bildzyklus: Fra Domenico Strambi, dessen Initialen: "F. D. M. Paris" - d. h. Frater Dominicus Magister Parisinus - sich unterhalb von ihm befinden. In der Mitte des Bildes oben schwebt Monikas Seele, von vier Engeln begleitet, in den

Himmel. Die beim Tod Monikas anwesenden Evodius (Conf. IX,12,31) und Augustins Bruder Navigius (Conf. IX,11,27) sind nicht auf diesem Bild dargestellt.

Im 9. Buch der Confessiones beschreibt Augustinus - diese zweite Szene betreffend - unter dem Gesichtspunkt "Die Tränen um Monikas Tod":

> *"Ich drückte ihr die Augen zu, und es floss mir in der Brust gewalti-ges Weh zusammen ... Nun war in dem Augenblick, da sie verhauc-hte, der Knabe Adeodatus in lautes Weinen ausgebrochen, dann aber, als wir alle ihn zurechtgewiesen, wieder still geworden ... "*
> *(Conf. IX,12,29)*

Die Erwähnung des Todes seiner Mutter gibt Augustinus im Rück-blick Anlass zu einem Loblied über ihr Leben, über ihre Jugend und ihre Ehe (Conf. IX,8,17-9,22). Mit der Schilderung der Trauer, der Bestattung und des Gebets für Monika (Conf. IX,12,29-13,37) enden im 9. Buch der Confessiones die Hinweise über Augustins eigene Lebensgeschichte.

Durch Monikas Tod im Herbst 387 war Augustins Reiseplan durchkreuzt worden. Da eine Überfahrt nach Afrika während der Win-termonate nicht ratsam erschien, blieb Augustinus mit seinen Beglei-tern vorläufig in Rom und trat erst - ein Jahr später - im Sommer 388 die Weiterfahrt nach Afrika an.

Auf diese Abreise von Rom nach Afrika nimmt Gozzolis dritte Szene, die zeitlich nach Monikas Tod erfolgte, Bezug. So ist rechts unten im Hintergrund durch eine offene Kolonnade auf das Meer zu sehen, wie Augustinus - im Boot sitzend mit der Bibel in der Hand und gekennzeichnet durch einen Nimbus - mit drei Gefährten (Evodius mit Nimbus, sein Sohn Adeodatus und sein Bruder Navigius) in einem Schiff von Italien nach Afrika davonsegelt.

Da mit Monikas Heimgang Augustins biographische Bezüge in den »Confessiones« abgeschlossen sind, wird die Szene von Augus-tins Abreise nach Afrika in den Confessiones nicht mehr beschrieben. Aus diesem Grund können die nach Monikas Tod folgenden Ereignisse in Augustins Lebensgeschichte und deren Darstellung in den Fresken Benozzo Gozzolis nur noch auf die biographischen Angaben in der "Vita Augustini" des Possidius bzw. auf legendäre Aussagen z. B. aus der "Legenda Aurea" des Jacobus de Voragine Bezug nehmen.

D. LEBEN ALS MÖNCH UND PRIESTER (388 - 395/96)

12. Klosterleben in Thagaste (34. bis 37. Jahr): 388-391

In seinem Heimatland Afrika angekommen, verweilt Augustinus kurze Zeit in Karthago bei dem späteren Freund und Bischof von Karthago Aurelius und kehrt dann mit seinen Begleitern im Herbst 388 auf sein väterliches Gut in Thagaste zurück. Mit seinem Sohn, seinem Bruder Navigius und seinem Freund Alypius setzte er hier das klösterlich-beschauliche Leben von Cassiciacum fort (Possidius, Vita 3,2). Sie lebten in Gütergemeinschaft, äußerst bescheiden und völlig anspruchslos.

Während dieser Zeit stirbt Augustins Sohn Adeodatus wahrscheinlich siebzehnjährig um das Jahr 389. Denn vermutlich ist das 389 in Thagaste entstandene Werk "De magistro", ein Dialog mit Adeodatus, zur Erinnerung an den intelligenten Sohn niedergeschrieben worden (Conf. IX,6,14).

13. Priester in Hippo Regius (37. bis 41. Jahr): 391-395

Während Augustinus sich zu Anfang des Jahres 391 einmal in Hippo Regius aufhielt, besuchte er dort den Gottesdienst. Als der hochbetagte Ortsbischof Valerius im Gottesdienst darüber klagte, daß sich bis jetzt noch kein geeigneter Mann zu seiner Unterstützung im Predigt-Amt gefunden habe, bemerkten die Gottesdienstteilnehmer den Augustinus. Sogleich gab es nur einen Schrei: "Augustinus, Presbyter!" Alle wünschten einstimmig seine Priesterweihe. Da der sechsunddreißigjährige Augustinus sah, dass sein Widerstreben dagegen (Possidius, Vita 4,2f.) vergeblich war, fügte er sich und ließ sich zum Presbyter weihen.

Der Zeitpunkt von Augustins Amtsantritt wurde auf Ostern 391 festgesetzt. Valerius wies ihm als Wohnung ein Haus mit Garten in der Nähe der Kathedrale an (Possidius, Vita 5,1). So siedelte Augustinus mit einem Teil seiner Freunde von Thagaste nach Hippo Regius über und lebte mit ihnen in einer Art asketisch-monastischer Gütergemeinschaft. Obwohl damals nur die Bischöfe das Recht hatten, im Gottesdienst zu predigen, betraute Valerius, der als geborener Grieche die lateinische Sprache nicht völlig beherrschte, Augustinus mit dieser Aufgabe der Predigttätigkeit (Possidius, Vita 5,3f.).

III. Von Augustins Bischofsweihe in Hippo Regius bis zu seinem Tod ebenda (395 - 430), dargestellt in der "Vita Augustini" des Possidius von Calama und abgebildet in 4 Szenen des Benozzo Gozzoli

E. Wirken als Bischof in Hippo Regius (395 - 430)

14. Bischofsweihe (41. Jahr): 395

Augustins Bischofsweihe erzählt Possidius in seiner "Vita Augustini":

> *Der greise Ortsbischof Valerius schätzte Augustinus sehr, befürchtete aber, dass eine andere verwaiste Gemeinde ihn zum Bischof berufen würde. Darum bat Valerius den Primas Aurelius von Karthago um seine Zustimmung zur Weihe seines einundvierzigjährigen Presbyters Augustinus zum Mitbischof bzw. Weihbischof. Als der Primas Aurelius damit einverstanden war, wurde Augustinus im Winter 395/396 zum Mitbischof geweiht. (vgl. Possidius, Vita 8,1-6).*

Zu Augustins Bischofsweihe schuf Benozzo Gozzoli ein 14. Fresko: *Augustinus segnet die Gläubigen nach seiner Bischofsweihe (395).*

  Die zum 14. Bild gehörende *einzeilige lateinische Bildunterschrift*[21] lautet ins Deutsche übersetzt: "Wie der heilige Augustinus sogleich nach der empfangenen Bischofsweihe das Volk gesegnet hat."

Dieses schwer beschädigte Fresko gewährt einen Blick vom Querschiff einer Kirche in deren dreischiffiges Längsschiff. Es zeigt den Abschluss der Konsekration des neuen Mitbischofs Augustinus inmitten der Gemeinde.

Links vom Altar in der Mitte sind die knienden Frauen festlich gekleidet und tragen Juwelen in ihrem Haar. Sie haben ihre Kinder mitgebracht, die in der vorderen Reihe stehen, um den Segen zu erhalten. Auch Augustins Mitbrüder, die Augustiner-Eremiten, sind ganz links hinten anwesend. Der Mann im Vordergrund links ist Valerius, der Ortsbischof von Hippo Regius. Er trägt einen langen, grauen, sogenannten Philosophen-Bart, möglicherweise eine Anspielung auf seine griechische Herkunft.

Das auf der rechten Seite stark beschädigte Fresko lässt rechts vom Altar noch die segnende Hand des Bischofs Augustinus mit Mitra erkennen - umgeben von Geistlichen und Laien.

Als einige Monate nach der Weihe des Augustinus zum Mitbischof der Ortsbischof Valerius starb, wurde Augustinus 396 alleiniger Bischof von Hippo Regius.

15. Synoden und Dialoge (42. bis 72. Jahr): 396 - 426

Augustinus verlässt Hippo Regius jetzt nur noch, um an den General-synoden der nordafrikanischen Kirche teilzunehmen, die im Prinzip jährlich in Karthago stattfanden - nur ausnahmsweise z. B. 427 in Hippo. Augustinus hat zwischen den Jahren 397 bis 424 an siebzehn Synoden in Karthago teilgenommen.

Augustinus ist bekannt für seine mit den Manichäern, den Donatisten und den Pelagianern geführten Diskussionen über deren Sonderlehren.

Seine Auseinandersetzungen mit den Manichäern haben bis zum Jahr 400 gedauert. Öffentliche Diskussionen hatte Augustinus bereits als Presbyter 392 mit Fortunatus und später 404 mit Felix geführt. Ein Teil seiner Werke ist gegen die Manichäer gerichtet, so als erstes "De moribus ecclesiae catholicae et de moribus Manicheorum" (388-390), sowie als letztes: "Contra Secundinum Manicheum" (399).

Seine Diskussionen mit den Donatisten fanden in den Jahren zwischen 400 und 412 statt. Augustinus nimmt zwischen 401 und 410 an fast allen karthagischen Generalsynoden teil, die die entsprechen-den Disputations- und Rückkehrangebote an die Donatisten beschlie-ßen. Im Jahr 411 (1. - 8. Juni) führte er als spiritus rector die vom Kai-ser angeordnete Diskussion zu Karthago vor 286 katholischen und 279 donatistischen Bischöfen. Antidonatistisch sind u. a. seine Werke "Psalmus contra partem Donati" (394) und "Contra Gaudentium Donatistarum episcopum (419-420).

In den Jahren zwischen 412 und 430 findet auch seine Ausei-nandersetzung mit den Pelagianern statt. Den Pelagius selbst, der nur kurz 410 bzw. 411 in Hippo aufgetaucht war, hat Augustinus nur flüchtig 411 in Karthago gesehen. Über die Anhänger des Pelagius schreibt er u. a. "De gestis Pelagii" (417). Auf Anfrage des Papstes Bonifaz I. (418-422) entsteht: "Contra duas epistulas Pelagianorum" (419-420).

Eine bildliche Darstellung dieser Diskussionen des Augustinus bringt das 15. Fresko von Benozzo Gozzoli: *Augustinus diskutiert mit dem Manichäer Fortunatus (392):*

Auf dem Fresko sitzt links Augustinus im Augustinerhabit und als Bischof mit Mitra sowie mit Bischofsgewand. Er diskutiert mit dem vor ihm stehenden manichäischen Presbyter Fortunatus im Doktorengewand und mit Doktorhut.

Die zum 15. Bild gehörende zweizeilige lateinische Bildunterschrift[22] lautet ins Deutsche übertragen: "Augustinus diskutiert mit Fortunatus und hat gegenüber den Häretikern diese öffentlich übertroffen."

Possidius von Calama erwähnt in seiner Vita Augustini (Possidius, Vita 6,1-7) eine öffentliche Disputation des Presbyters Augustinus mit dem manichäischen Presbyter Fortunatus aus Hippo am 28. und 29. August des Jahres 392, das ist eine Zeit, als Augustinus noch Presbyter war, jedoch noch nicht Bischof - wie dies auf dem Fresko dargestellt wird.

16. Schriftstellerische Tätigkeit (72. bis 76. Jahr): 426 - 430

Im Jahr 426 hatte der alternde Augustinus mit 72 Jahren den Presbyter Heraclius zu seinem Koadjutor bestimmt und ihm einen Teil der Verwaltungsgeschäfte übertragen. Und bald darauf ließ Augustinus seinen Koadjutor auch zu seinem Nachfolger wählen.

Nun hatte Augustinus Zeit, das durchzuführen, was er schon seit langem plante: sein Schrifttum bis zu diesem Zeitpunkt kritisch zu sichten und zu ordnen. So entstanden zwischen 426 und 427 seine 2 Bände "Retractationes", die über seine gesamte schriftstellerische Tätigkeit in chronologischer Reihenfolge Rechenschaft ablegen. Dieser schriftstellerische Rechenschaftsbericht ergibt, dass Augustinus bis 427 bereits 93 "opera" verfasst hatte, dem bis zu seinem Tod weitere 15 Opera folgen sollten.

Die 108 Schriftwerke des Augustinus sind philosophischen und vor allem theologischen Inhalts. Letztere betreffen Exegese, Dogmatik, Moraltheologie und Apologetik. Im Einzelnen gehören u. a. zur Exegese seine "Enarrationes in Psalmos (418), zur Dogmatik die 15 Bände "De trinitate" (399 - 419), zur Moraltheologie "Contra mendacium" (419) und zur Apologetik die 22 Bände "De civitate dei" (413 - 427).

Nicht berücksichtigt bei diesen 108 Werken des Augustinus sind seine mehr als 500 erhaltenen Predigten (Sermones) und auch seine zwischen 386 und 429 entstandenen und erhaltenen ca. 218 Briefe, zu deren Adressaten u. a. Hieronymus in Palästina gehörte.

Augustins erster Biograph Possidius von Calama hatte sich gefragt, ob es jemals jemandem möglich sein würde, dieses umfassende augustinische Werk aus 108 Schriften ganz zu lesen (Possidius, Vita 18). Augustins gesamte Bibliothek hat die Zerstörung der Stadt Hippo Regius durch die Vandalen überdauert und war zur Zeit, als Possidius zwischen 431 und 439 seine Vita Augustini schrieb, noch verfügbar (Possidius, Vita 18,10 u. 28,10).

Eine bildliche Darstellung der schriftstellerischen Tätigkeit von Augustinus zeigt das 16. Fresko von Benozzo Gozzoli: *Augustins Vision vom seligen Hieronymus, der ihn über die himmlische Glorie informiert.*

Die zu diesem 16. Bild gehörende *zweizeilige lateinische Bildunterschrift*[23] lautet ins Deutsche übertragen: "Wie der selige Hieronymus ein wenig vorher den Augustinus über die himmlische Glorie informiert hat."

Auf dem Fresko sitzt Augustinus, als Augustiner-Eremit gekleidet und mit Bischofs-Mitra, auf einer an die Wand gestellten Holzbank und schreibt auf einem vor ihm stehenden niedrigen, kniehohen Schreibpult. Bücher befinden sich in den Regalen der Wand. Auf seinem Schreibpult liegt ein grün eingebundenes Buch, darunter eine Schriftrolle, die über die Tischkante hängt. Ferner steht ein aufgeschlagenes Buch angelehnt an der Rückwand. Die ablaufende Sanduhr auf dem Pult weist den Augustinus unmissverständlich auf seine ablaufende Lebenszeit hin.

Während Augustinus an seinen Schriften arbeitet, blickt er auf nach links oben, wo ihm der inzwischen verstorbene Hieronymus in einem Strahlenkranz erscheint und ihn segnet.

Diese Szene beruht auf einer legendären Überlieferung,[24] wonach Augustinus dem Hieronymus einst mit der Bitte geschrieben haben soll, ihn über die himmlische Glorie zu informieren. Daraufhin sei der zwischenzeitlich verstorbene Hieronymus dem Augustinus erschienen und habe ihm über das Leben nach dem Tod berichtet.

Historisch belegt ist, dass Augustinus (354 - 430) mit Hieronymus (347 - 420), dem Mönch in Bethlehem, korrespondiert hat, wobei beide als Bibelexperten nicht immer einer Meinung gewesen sind.

17. Tod und Beisetzung (76. Jahr): 430

Nachdem die Vandalen im Jahr 429 die Meerenge von Gibraltar überschritten hatten, erreichten sie im Mai 430 Hippo Regius. Im dritten Monat ihrer insgesamt 14 Monate lang dauernden Belagerung erkrankte Augustinus und bekam heftiges Fieber. Er starb nach kurzer Krankheit am 28. August 430 und wurde in Hippo Regius beigesetzt[25].

Zu Augustins Tod hat Benozzo Gozzoli das 17. und letzte Fresko gemalt: *Trauer um den Tod des Bischofs Augustinus (430)*

· QVEMADMODVM INOBITV BEATI AVGVSTINI AQVAMPLVRIMIS EIVS ANIMA INCELIS COMITANTIBVS ANGELIS FERRI VISA EST ·

Die *einzeilige lateinische Bildunterschrift*[26] zu diesem letzten 17. Fresko im Bildzyklus von Benozzo Gozzoli lautet ins Deutsche übertragen: "Wie beim Weggang des seligen Augustinus gesehen wurde, daß dessen Seele von sehr vielen Engeln in den Himmel begleitet worden ist."

Auf dem letzten Fresko des Zyklus von San Gimignano ist im Vordergrund der mit 75 Jahren verstorbene Augustinus in seinen bischöflichen Gewändern aufgebahrt, während 36 Personen dichtgedrängt um ihn stehen und trauern. Direkt um die Bahre herum sind sechs seiner Augustiner-Mönche zu sehen, die als seine engsten Gefolgsleute deutlich ihre Trauer zum Ausdruck bringen. Der Maler hat dabei sechs verschiedene Emotionen dargestellt. Von links nach rechts sind es: Kontemplation, Gebet, Demut, Verehrung, Wehklage und Furcht. Die größere Gruppe der Trauernden steht in einiger Distanz dazu in einem Halbkreis um die Ordensbrüder und bildet je drei Untergruppen: Zur Linken ist eine Gruppe von Weltpriestern zusammen mit einem Bischof vor dem Hintergrund eines (Bischofs-) Palastes. In der Mitte steht eine Anzahl von Angehörigen verschiedener Orden, und zur Rechten ist eine Gruppe von Kerzen tragenden Augustiner-Akolythen vor dem Hintergrund einer Klosterkirche zu sehen.

Der Blick des Bildbetrachters führt in der Mittellinie von der Bahre des verstorbenen Augustinus im Vordergrund über die trauernden Hinterbliebenen im Mittelteil hinauf zum oberen Bereich, wo Augustins Seele von zwei Engeln in einer Gloriole himmelwärts getragen wird.

Tod und Begräbnis des Augustinus beschreibt Bischof Possidius, der mit vielen Laien und Klerikern vor den Vandalen in die Stadt Hippo Regius geflüchtet war, in seiner "Vita Augustini" (Possidius, Vita 31,5).

Das enorme theologische Ansehen Augustins schon zu seinen Lebzeiten ist auch daraus zu erkennen, dass einige Wochen nach Augustins Tod der Gesandte des weströmischen Kaisers Valentinian III. nach Hippo Regius kam, um ihn einzuladen, bei dem großen ökumenischen Konzil in Ephesus, das für 431 einberufen war, zu präsidieren.[27] Doch Augustinus war inzwischen verstorben.

Schlussbemerkungen

Von den insgesamt 17 Bildern des Benozzo Gozzoli beziehen sich allein 12 auf die entsprechenden biographischen Hinweise in der von Augustinus selbst verfassten Schrift der "Confessiones" (dt. Bekenntnisse, Lobpreisungen). In diesen Confessiones erzählt er die 33-jährige Entwicklung seines Handelns und Denkens, seines Suchens und Fragens von den Tagen seiner Kindheit in Thagaste vom Jahr 354 bis zum Tod seiner Mutter in Ostia im Jahr 387.

Als 46-Jähriger hatte Augustinus dieses sein 33. Werk um das Jahr 400 abgeschlossen. In den Jahren 426 bis 427 - also nur wenige Jahre vor seinem Tod - hat Augustinus seine zweibändigen "Retractationes" (dt. Überarbeitungen) als sein 92. Werk verfasst. In diesem literarischen Rückblick brachte er nachträgliche Korrekturen und Anmerkungen zu seinen früheren Schriften an. Interessanterweise hat er an seinen Confessiones keine wesentlichen Änderungen mehr vorgenommen. Vielmehr schreibt er in seinen "Retractationes":

"Confessionum mearum libri tredecim, et de malis et de bonis meis Deum laudant justum et bonum, atque in eum excitant humanum intellectum et affectum; *interim quod ad me attinet, hoc in me legerunt cum scriberentur, et agunt cum leguntur.* *Quid de illis alii sentiant, ipsi viderint; multis tamen fratribus eos multum placuisse et placere scio."* *(Retractationes II,6,1)*	*"Die dreizehn Bücher meiner 'Confessiones' loben Gott, den gerechten und gütigen, im Hinblick auf das Böse wie auf das Gute in meinem Leben und sollen zu ihm Verstand und Gemüt des Menschen erheben.* *Jedenfalls, was mich anbelangt, bewirkten sie das in mir, als ich sie niederschrieb, und bewirken sie noch, wenn ich sie lese.* *Was andere davon halten, mögen sie selbst sehen; doch weiß ich, dass viele Brüder große Freude daran hatten und noch haben."*

Rund tausend Jahre später haben die sich nach Augustinus nennenden Augustiner-Eremiten im toskanischen San Gimignano diese Confessiones als literarische Vorlage für den bei Benozzo Gozzoli in Auftrag gegebenen Bildzyklus der "vita Augustini" gegeben. Sie wollten im Chor ihrer Konventskirche "San Agostino" beim Gottesdienst die Lebensgeschichte ihres Ordensgründers als Vorbild und Ansporn für ihr eigenes Leben auch bildlich vor Augen haben.

ANHANG

Literatur (Auswahl)

Augustinus-Bildzyklus von Benozzo Gozzoli in San Agostino in San Gimignano

Ahl, Diane Cole: Benozzo Gozzoli's Frescoes of the Life of Saint Augustine in San Gimignano. Their Meaning in Context, in: Artibus et Historiae, 1986, Bd. 7 / Nr. 13, S. 35 - 53 - ISSN 0391-9064

Ahl, Diane Cole: Benozzo Gozzoli: Tradition and Innovation in Renaissance. New Haven u. a. 1996, S. 121-157 - ISBN 0-300-06699-6

Ahl, Diane Cole: Benozzo Gozzoli: The Life of Saint Augustine in San Gimignano, in: Schnaubelt, Joseph C. OSA, 1999, a. a. O. S. 359-382

Cardini, Roberto - Anna Padoa Rizzo - Mariangela Regolioso, (Hrsg.): BENOZZO GOZZOLI. Le Storie di Sant' Agostino a San Gimignano, Roma 2001

Courcelle, Jeanne und Pierre: Iconographie de Saint Augustin, Les Cycles du XVe Siècle. Paris, 1969, S. 85-106

Esche, Christiane: Die Fresken der Augustinusvita von Benozzo Gozzoli in S. Agostino in S. Gimignano, Freiburg i. Br., Univ., Mag.-Arb. ca. 1985

Esche, Christiane: Selbstverständnis und Zielsetzung der Augustinereremiten im 15. Jahrhundert am Beispiel der Fresken der Augustinusvita von Benozzo Gozzoli in S. Agostino in S. Gimignano, in: Recherches augustiniennes, Bd. 25, Paris 1991, S. 263-287 - ISSN 0484-0887

Roettgen, Steffi: Wandmalerei der Frührenaissance in Italien, Bd. 1, Anfänge und Entfaltung 1400-1470. München 1996, S. 374-381 ISBN 3-7774-7050-3

Schnaubelt, Joseph C. OSA and Frederick Van Fleteren (Hrsg.): Augustine in Iconography: History and Legend. New York u. a. 1999, S. 359-382 (Augustinian Historical Institute, Vol- 4)

Stiennon, Jacques: L'iconographie de saint Augustin d'après Benozzo Gozzoli et les Croisiers de Huy. Deux interprétations contemporaines et divergentes, in: Bulletin de l'Institut Historique Belge 27 (1952), 235-248

Strauss, Matthias: Die Augustinusvita von Benozzo Gozzoli aus der Kirche S. Agostino in San Gimignano, in: Augustiniana, 2002, Bd. 52, Fasc, 1, S. 1 - 116 - ISSN 0004-8003

Einzelwerke zu Augustinus

Bernhart, Joseph: Augustinus. Confessiones, Bekenntnisse, Lateinisch und deutsch. München (1957) 4. Aufl. 1980, 1014 S.

Confessiones: Lateinisch/Deutsch = Bekenntnisse / Aurelius Augustinus. Übers., hrsg. und kommentiert von Kurt Flasch und Burkhard Mojsisch. Mit einer Einl. von

Kurt Flasch, [Reclams Universal-Bibliothek Nr. 1867] Stuttgart 2012, 809 S. - ISBN 978-3-15-018676-3

Geerlings, Wilhelm (Hrsg.): Possidius, Sancti Aurelii Augustini Hipponensis episcopi vita, zweisprachige Ausgabe (lateinisch/deutsch) eingeleitet und kommentiert. Paderborn 2005, 237 S. - ISBN 3-506-71022-2

Marrou, Henri: Augustinus in Selbstzeugnissen und Bilddokumenten. Aus dem Französischen übers. von Christine Muthesius. Reinbeck b. Hamburg 1958

Voragine, Jacobus da: Legenda Aurea [De sancto Augustino episcopo], deutsch von Richard Benz, Jena 1925; 15. Aufl. Gütersloh 2007, 798 S. - ISBN 978-3-579-02560-5

Lexikon-Artikel über Augustinus

Bautz, Friedrich Wilhelm: AUGUSTINUS, Aurelius, der bedeutendste lateinische Kirchenvater, in: Biographisch-bibliographisches Kirchenlexikon [BBKL], Bd. I (1990), Sp. 272-300

Geerlings, Wilhelm: Augustinus, Aurelius, hl., Kirchenlehrer, größter der lat. Kirchenväter, in: Lexikon für Theologie und Kirche [LThK], Bd. I, Sp. 1240ff.

Mühlenberg, Ekkehard: Augustin, in: Religion in Geschichte und Gegenwart [RGG], Bd. I, Sp. 959ff.

Schindler, Alfred: Augustin, in: Theologische Realenzyklopädie [TRE], Bd. IV, S. 646-660

Anmerkungen

---

[1] Piazza Sant' Agostino, 10 - 53037 San Gimignano, Siena, Italien

[2] Die lateinischen Bildunterschriften sind wiedergegeben bei Christiane Esche, Die Fresken der Augustinusvita von Benozzo Gozzoli in S. Agostino in S. Gimignano.

[3] Ausschnitt aus einem Fresko in der *Cappella dei Magi* im Palazzo Medici Riccardi in Florenz (1459-61)

[4] † 28.8. 430 in Hippo Regius, etwas südlich von dem heutigen Annaba

[5] QVEMAD[MODVM] BEATVS AVGVSTINVS IN PVERILI AETATE A PATRE PATRITIO ET MATRE MONICA MAGISTRO GRAMATICE TRADITVS VLTRA MODVM BREVI PROFE ... [TEM)PORE.

[6] AVGVSTINVS CVM DECIMVM ET NONVM AGERET ANNVM CARTAGINENSI IN VNIVERSITATE MAGNO HONORE ADMISSVS FVIT ... TRIV[M]PHO ET ... (ca. 45 Buchstaben fehlen).

[7] Ein monogamisches Konkubinat unterschied sich von einer legitimen Ehe u. a. besonders durch die Standesungleichheit der Frau. Bis zum 5. Jahrhundert ist kirchlicherseits der Bestand des Konkubinats nicht angefochten worden.

[8] Der begabte Adeodatus (372 - 389) war seines Vaters Glück und Freude.

[9] Manichäer: von Mani (3. Jh. n. Chr.) gestiftete dualistische persisch-hellenistisch-christliche Weltreligion

[10] rhetorice est scientia quae in persuadendo consistit"; Cicero, De inventione I, 6 und De oratore, I, 31

[11] ... AGMA PRECIPVORVM VIRORVM FREQVENTIA AC SCHOLASTICORVM CONSESSV GRECHA IN SCHOLA PVBLICE RETORICHAM AC PHILOSOPHIAM LEGEBAT

[12] QVEMADMODVM AVGVSTINVS A SIMACHO ROMANORVM PREFECTO MEDIOLANVM MISSVS RECTORICAM AC PHILOSOFIAM LECTVRVS SVMMO CVM APPARATV ET GLORIA ROMA VRBE RECESSIT.

[13] ELOQVII SACRI DOCTOR PARISINVS ET INGENS GEMIGNANIACI FAMA DECVSQVE SOLI HOC PROPRIO SVMPTV DOMINICVS ILLE SACELLVM INSIGNEM IVSSIT PINGERE BENOTIVM. MCCCCLXV.

[14] QVEMADMODVM AVGVSTINVS EX VRBE MEDIOLANVM VENIENS LECTVRVS PHILOSOPHIAM ATQVE RECTORICAM SVMMO CVM SCOLARIVM ET DOCTORVM COMITATV / AB IMPERATORE TEODOSIO ET A SANCTO VIRO ANBROSIO GRATANTER ET HONORIFICE RECEPTVS EST

[15] TRE Bd. IV, S. 648

[16] Die Legenda auera des Jacobus de Voragine. Aus dem Lateinischen übersetzt von Richard Benz. Dreizehnte, neugesetzte Auflage, Gütersloh 1999, S. 491

[17] A[nno] D[omin]I PRIMO D' APRILE MILLE CCCC LXIIII

[18] QVEM ADMODVM POSTQVAM A BEATO VIRO ANBROSIO AVGVSTINVS SA[NC]TVS SACRVM SVSCEPIT BATTI[S]M[UM] /

PARITER COMPOSVERVNT ET COMPONENDO DECANTARVNT AD FINEM US ... [C]ELESTEM INNVM TE DEVM LAVDAM[VS]
[19] QVALITER AVGV[STINVS] S[AN]C[TV]S VISITATIS HEREMITIS DE MONTE PISANO A ...ST DATAM EIS REGVLAM A D[OMI]NO NOST[RO] IHESV XR[IST]O SVB CVIVSDAM SCITVLI EFFIGIE /
SECUS ... IMILITVDINEM MARIS AD PARVAM FOVEAM DE ...VA AC DIFFICILI INDIVIDVE TRINITATIS COGNITIONE ESTITIT INFORMATVS.
[20] QVE[M] ADMODV[M] S[AN]C[TV]S AVGVSTINVS APVD HOSTIA[M] TIBE[RINAM] ESISTENS HABITIS AD QVANDA[M] OSPITII FENESTRA[M] CV[M] PIENTISSIMA EIVS MATRE MONACHA DIVINIS COLLOQVIIS AC POST EIVSDE[M] FELICISSIMVM OBITV[M] /
CVISDA[M] PVERILI SPETIE DE MANV SACERDOTIS ESILIENS VNA CV[M] IPSIVS AIA...TRANSMIGRAVIT AD CELV[M] ASSVMPTO NAVIGIO CV[M] ALIPPIO EVODIO EIUS[QUE] FILIO ADEODATO MVLTIS .QE ALIIS CATTOLICIS VIRI...[NAVIG]AVIT AD AFFRICHA[M]
[21] QVEMADMODV[M] SANCTVS AVGVSTINVS STATIM POST ASSVNTVM EPISC ... [P]OPVL]UM] BENED[IXIT]
[22] ... [AVGVSTI]NVS DISPVTANS CVM FORTVNATO / [VERSV]S HER]ETICIS EOS PVBLICE SVPERAVIT
[23] QVEMADMODVM HIERONIMVS PAVLO ANTE BEATVS / AVGVSTINVM DE CELESTI GLORIA INFORMAVIT
[24] PSEUDO-AUGUSTIN, P. L. t. XXXIII, 1123
[25] Augustins Gebeine haben wahrscheinlich die unter Thrasamund um 500 nach Sardinien verbannten katholischen Bischöfe mitgenommen. Als die Insel Sardinien von den Sarazenen verwüstet worden war, erwarb um das Jahr 718 Luitprand, der König der Langobarden, die Gebeine und ließ sie über Genua nach Pavia bringen, wo sie in der Kirche S. Pietro in Ciel d'Oro eine neue Ruhestätte fanden (vgl. Die Legenda aurea, a. a. O. S. 499)
[26] QV[E]MADMODVM IN OBITV BEATI AVGVSTINI A QVAMPLVRIMIS EIVS ANIMA IN CELIS COMITANTIBVS ANGELIS FERRI VISA E[S]T
[27] Liberatus de Carthagine, Breviarium 4 (17); zitiert in: Augustinus in Selbstzeugnissen und Bilddokumenten, dargestellt von Henri Marrou, rororo, 8, 1959, S. 32

Bildnachweis

Bildarchiv: Gerhard J. Bellinger. Bildrechteinhaber, die trotz aller Bemühungen nicht ermittelt werden konnten, wenden sich bitte an den Autor.